英語脳はすでにあなたの頭の中にある！

井上一馬

大修館書店

「まえがき」にかえて

●英語脳のメカニズム
　――英語の苦手な人を少しでもなくすために

日本人は英語が苦手だとよく言われる。

ベネッセ教育研究開発センターが2009年に中学２年生を対象に行った調査では，６割の生徒が「英語が苦手」だと答えたそうです。

私は，島国という特殊事情があるとはいえ，基本的には学習の仕方が悪いだけで，日本人は別に特別英語が苦手ではないと考えていますが（そのことは私自身の英語学習法を紹介した『英語できますか？』という本でも書きました），その主張は主張として，英語を苦手と考える人が減るに越したことはありません（学習の仕方のどこが悪いのかについては同書ですでに書いたのでここでは触れません）。

では，英語の苦手な人を減らすにはどうしたいいのか，と言えば，まず第一に大切なのは，

「英語を学ぶのはそれほど簡単なことではない」

という認識をきちんともつことです。

英語が話せるように，使えるようになるのは，そんなに簡単なことではない。テニスやスキーほど簡単にはいかない。

英語圏ではみな英語を話しているのですから，もちろん外国語として英語を使えるようになることは不可能ではありま

せんが，そう簡単なことでもない。
母語について考えてみればわかるように，言葉は生まれたときから少しずつ覚え，使って，ようやく体得するものです。それを，10歳を過ぎた頃から週に数時間程度英語を勉強したからといって，急に話せるようになるはずもない。
そのことを，英語を学習する人は自分でまずきちんと認識し，教育者の場合にはきちんと生徒に伝えることが大切です。
そうすれば，たいして勉強もしていないのに，なぜ，どうして英語ができるようにならないのだろう，と首をかしげることもないし，間違った期待を抱くこともない。
英語の苦手な人を減らすうえで2番目に大切なことは，
「なるべく効率的に，わかりやすく学ぶ」
ということです。
それでなくとも，いまの日本の子どもたちには他にもすることがたくさんあって，英語の勉強ばかりにそれほどたくさんの時間を割くわけにはいきません。
そういうときに，不定詞の名詞的用法，形容詞的用法，副詞的用法，仮定法過去，仮定法過去完了などという，なんだか七面倒くさそうな，わけのわからない話を持ち出されると，いっぺんに英語嫌いが増えることは請け合いです。
外国人が英語を効率的に学ぶために，英語の成り立ちを簡潔に説明した文法を学ぶことは避けられません。必須事項です。これがあるから外国人は英語を効率的に学べるのです。子どもが母語を学ぶようにして学んでいたら，何時間あっても時間が足りない。

しかし何も七面倒くさい文法用語を持ち出す必要はどこにもない。もちろん優秀な生徒はそれでも理解できるでしょうが，それでなくとも外国語に気後れしている生徒はいっぺんで英語が苦手になる。

たとえば現在完了は，英語学習者がつまずくことの多い文法事項のひとつですが，その理由は，この形が日本語にはないからと言われることが多いようです。

しかし，私はけっしてそんなことはないと思っています。

「現在完了に近い使い方は日本語にもある」

私はそう思っています。その詳細はこの本の第１章で説明しますが，この現在完了形を覚えるときに，もしくは教えるときに，日本人は「have＋動詞の過去分詞」と機械的に覚えたり教えたりします。

こういうのもよくない，英語嫌いを増やす，と私は思っています。人の使う言葉なのに，機械的で，そこにはちっとも血が通っていない。

なぜ，ここでhaveを使うのか，現在完了形ではなぜhaveを使うのか，それを説明しなければうそでしょう。そこを機械的に覚えさせたのでは，血が通わずに，英語の苦手な人が増えてしまうのです。

そこには実は，英語脳の働き方，英語脳のメカニズムを解き明かす鍵が隠されています。そのメカニズムの一端が見てとれます。

それなのに，それをただ機械的に覚えさせてすませてしまうのは，あまりにももったいないことだとも思います。

しかも，現在完了形ではなぜ have を使うのかという説明を，日本語脳の働き方に関連づけて説明すれば，おそらく学習者は日本語脳と英語脳のあいだに親近感を感じて，英語に対する苦手意識を多少とも減らすことができるのではないでしょうか。

現在完了はどういうときに使うのかという説明も，「経験」「完了」「継続」……といった抽象的な漠然とした説明ではなく，もっと日本語の使い方に即して，日本語のメカニズムに即して，説明することが可能だと私は思っています。

仮定法なども日本人の学習者を大いに悩ます事柄のひとつですが，これも，「もし私があなただったら」というときは，If I was you ではなく，was のかわりに were を使うと機械的に説明したのでは血が通わない。

「もし私があなただったら，そんなことはしないでしょう」は，

If I were you, I wouldn't do that.

と言う，と機械的に説明したのでは，まったく血が通わない。英語の苦手な人を減らす手立てにはならないのです。

そうではなくここでも本来は，英語を話す人々がここで was ではなく were を使いたくなる理由を，そのように働く「英語脳のメカニズム」を日本語の働き方と関連づけて説明してあげれば，英語に対して親しみが湧くのです。血が通うのです。

英語の文法を説明した本はたくさんあります。私自身も

『話すための英文法』という本をすでに書いています。

そこでここでは，これまでの英文法の本では説明されてこなかった，いまあげたような事柄について――現在完了形ではなぜ have を使うのか，仮定法ではなぜ If I was ではなく If I were になるのか，といった事柄について，そうした使い方をする英語脳のメカニズムを，日本語脳の働き方に関連づけて解説していってみたいと思います。

この本では，いわゆる英文法ではなく，私がこれまでに話を聞いてきた，現在英語を話している多くのネイティブ・スピーカーの意見を総合して，英語を話す人の実感としての英語脳の働き方，メカニズムについて書いてみたいのです。そして，それをなるべく私たちに馴染みの深い日本語脳の働き方に関連づけて説明し，英語が苦手な人を少しでも減らしていきたいのです。

当たり前のことですが，英語も日本語もひとつの言語ですから，そこには，それを使う人々の血が通っています。意外に自由でもあるんです。英文法でがんじがらめになっている日本人にはとくにそのことを知ってほしいと思います。

たとえば，疑問詞が文の最後に来たりすると，大半の日本人には奇異に感じられるでしょうが，たとえば，

「この時点での君の懸念は何なのですか？」

という文と，

「この時点での君の懸念っていうのは何なの？」

という文では当然，英語でも日本語と同じように，抑揚以外

にも違いが出てきます。
最初の文はふつうに，

What is your concern at this point?

でいいでしょうが，2番目の文はたとえばこうなります。

Your concern at this point is what?

これも，あるアメリカの政治討論会で知識人が口にしたれっきとした英語なのです。別に what が先頭にこなくてもいいのです。

英語も日本語と同じようにかなり自由なのです。それを日本人は文法でがんじがらめにして不自由にしてしまう。

日本語と同じように変わっていく点も，英語だって同じです。英語は，英語脳は，生きているのです。血が通っているのです。

若者言葉を筆頭に，英語でも新しい言葉が次々と生まれます。

ご存じの方が多いと思いますが，英語の staff（スタッフ）という言葉は集合名詞で，スタッフ全体のことを指して使われます。個々のスタッフを指してこの言葉は使えません。いちいち a member of the staff と言わなければならない。

昔，国際会議のアルバイトをしていた頃，私はこのことを知って，

「英語って不便な言葉だなぁ」

と思ったのですが，そうかといってもちろん自分で勝手に言

葉を作るわけにもいきません。

しかし，どうやらそう思っていたのは私だけではないらしく，その後いつの間にか多くの人が，個々のスタッフを指すものとして staffer という言葉を使いはじめました。

このように英語も変わっていくのです。自由なのです。

言葉だけではなく，文法事項でも変わることがあります。

そのことはまた第11章でゆっくりお話しましょう。

かつて言語学者のノーム・チョムスキーが，「もしこの地球上に火星人の科学者が現れたら，彼ないし彼女は，地球人はみな単一の言語を話しているという結論を導き出すに違いない」と言ったことがあって，学生時代から彼の本を読んできたにもかかわらず，私は長いあいだそのご託宣に対して半信半疑の気持ちだったのですが，それから30年が過ぎた最近になってようやく，チョムスキーが言わんとしたことの一端がわかりかけてきたように感じています。チョムスキーのこの発言には以前『話すための英文法』という本を書いたときにも触れましたが，その頃はまだ，それに気づきはじめたばかりでした。

この本を読み終えたときに，読者の方々の英語に対する苦手意識が少しでもなくなっていたら，少しでも英語に親近感を抱くようになっていたら，日本人の頭の中にすでにある「英語脳」に目覚めていただけたら，私にとってそれに優る喜びはありません。

〈目次〉 

ABCDE

第7章　冠詞と総称表現

第8章　fever（熱）になぜaをつけるのか

第9章　英語でもっとも重要な動詞にブリッジを架ける

第10章　前置詞脳へブリッジを架ける

第11章 変わりゆく英語，変わりゆく関係代名詞

第12章 絶対忘れない英単語記憶法

コラム〈日本語と英語，英語と日本語〉＊★✽♥＊★✽♥＊★✽

★✽♥＊★✽♥＊★✽♥＊★✽♥＊★✽♥＊★✽♥＊★✽♥＊★✽

英語脳はすでにあなたの頭の中にある！

第 **1** 章

＊✎＊✎＊

現在完了形は日本語にもある?!

定冠詞，不定冠詞の区別は日本人の頭の中にもある！

『バカの壁』という本の中で養老孟司さんは，英語の定冠詞と不定冠詞の違いに触れて，次のように書いています。

この文章を読んで，養老さんは目の付けどころが違うな，と思いました。

「勿論，同様の区別は日本語の中にも存在している。あるのだけれども，日本人が言わない，または気にしていないだけです。専門家は形式的な文法の知識で，定冠詞，不定冠詞にこだわるからわかりづらい。「昔々，おじいさんとおばあさんがおりました。おじいさんは，山へ柴刈りに……」という一節は誰でも知っています。では，この「おじいさんとおばあさんが」の「が」と次の「おじいさんは」の「は」の助詞の違いを説明できますか。（中略）

見事にこれは定冠詞，不定冠詞の機能をそのまま持っている。ところが，文法学者は形式文法をやっているため，冠詞と書いてあるから，冠だから，名詞の前に使わなきゃ冠詞じゃない，と思う。それは助詞だろう，と。

しかし，形式を無視して言えば，機能としてはまったく同じです。ちなみにギリシャ語を調べると，冠詞は名詞の後ろにあっていいことになっている」

もちろんこれだけで，英語の定冠詞や不定冠詞の働きのすべてを説明できるわけではない。しかし，その働き方の基本形は，ちゃんと日本人の脳みその中にもあることがわかります。

あとはその応用にすぎない。

そう考えれば，多くの人にとって英語はずっと身近なものになるはずだし，事実そうなのです。

最近，「英語脳」「英語脳を作る」などということがやたらに騒がれていますが，そんなものをわざわざ作らなくとも，いまの定冠詞と不定冠詞の例のように，英語脳のかなりの部分は，すでに日本人の頭の中にあるのです。

それが私の長年の主張です。

養老さんの言うように，ただ日本人が気づいていないだけです。

もちろん，英語脳と日本語脳はまったく同じではない。だから，そのあいだに適宜，ブリッジを架ける必要はある。しかし，英語脳の少なからぬ部分は，先の定冠詞と不定冠詞の例のように，すでに日本人の頭の中にあるのです。だからそんなに恐れることなく，安心して英語に親しんでほしいと思います。

現在完了形も日本語にある！

たとえばここで，定冠詞や不定冠詞と同じように日本語にはないと言われている「現在完了」を取り上げてみましょう。

We have lived here for 12 years.
(私たちはここに12年間住んでいます)

これが現在完了と言われる表現です。

「私たちはここに12年間住んでいて，いまも住んでいる(います)」

これがこの文の正確な意味です。

つまりここでは，「過去」と「現在」がつながっている。そういう場合に，英語では現在完了を使う。

過去形の We lived here for 12 years. では，過去のいつかの時点で12年間ここに住んだことは示せますが，いまどうなっているかは表せない。あえて言うなら，

We lived here for 12 years and we live here now.

とでも言わざるを得ない。

そこで過去と現在のことをつなげて同時に言える「現在完了」という，実に便利な形が登場するというわけです。

たしかに，この現在完了という表現じたいは日本語にはない。

いまあげた例では，同じことを日本語では「12年間ここに住んでいる（います)」と現在形で言っている。ここでは，現在形で，英語の現在完了と同じ意味のことが言えてしまうので，日本語では現在完了形を使う必要がないのです。

日本語ではあるいはこの文を，「私は12年間ここに住んで

きた（きました)」という言い方をする場合もあるかもしれません。

「住んできた（きました)」という言い方も，明らかに「住んだ」とか「住みました」という言い方とは違う。

「住んだ」と言うと，日本語でも過去のことだけを問題にしているように聞こえますが，「住んできた」の場合には，そのあとに「そして，いまもここに住んでいる」という文が続くニュアンスがある。

つまり，日本語脳でも，助詞の「が」と「は」を使い分けるように，「住んだ」と「住んでいる」「住んできた」という言い方を使い分けることによって，無意識のうちに，英語の現在完了に近い使い方をしているのです。

We have seen many sides of the President.
(私たちはこれまでに大統領の多くの面を見てきた（そしいまも見ている))

この文もやはり同じです。

「見てきた（きました)」と「見た（ました)」は，日本語でもやはり違う。

逆にいえば，日本語でこのように過去と現在がつながっている，という意識があるときに，英語では現在完了形を使ってあげればいい。日本語脳のほうから英語脳へそういうブリッジを架けておけばいい。

英語学習者の中には，どういうときに現在完了形を使ったらいいのかわからない，と言う人がけっこういますが，それは常に，「過去と現在がつながっているとき」なのです。

I ate lunch.（私は昼食を食べた）

は単に，昼食を食べたという過去の事実を述べているだけですが，

I've eaten lunch.

と言えば，「私は昼食を食べてしまった」ので，いまはまだお腹が空いていない，ということを示唆することができます。昼食を食べた行為が，現在まで——現在のお腹の空き具合まで，つながっているのです。

これが私の言う，英語脳と日本語脳のあいだにブリッジを架ける，ということです。

「した」と「してしまった」の違い

もう少し具体的な話をしましょう。

① I can't go today, because I hurt my hand.
② I can't go today, because I've hurt my hand.

この2つの文は，どちらも文法的には間違いではない。

が，どちらがより自然か，と言えば，そう，②の文です。
さきほど，現在完了は，「過去」と「現在」がつながっているときに使うのだと言いました。「つながっている」というのは，過去が現在に影響を及ぼしている，ということです。
そのことを踏まえて，いまあげた例文を見てみてください。
「手をけがした」という過去の事柄が，「今日は行けない」という現在の事柄に影響を及ぼしている，つながっている。
だから，英語脳はここでは自然に現在完了形を使う。
では，この2つの文を日本語に訳すとどうなるか。

① 今日は行けないよ，手をけがしたから。
② 今日は行けないよ，手をけがしちゃったから。

「しちゃった」は「してしまった」のくだけた形です。
そして，「してしまった」という言い方には，もともとこの表現が生まれた背景にある「しまった！」という思いがどこかに残っている。
つまり，現在までその思いがつながっているのです。
だから，日本人はここで，「しちゃった」「してしまった」のほうをより使います。

He has gone to the United States.

この文も日本語では，「彼はいまアメリカへ行ってしまっている（行ってしまっていて，いまはいない）」となる。

つまり日本人はこうした文では，「してしまった」という表現を使うことによって，英語の現在完了的な意味合いを表現している。それはすなわち，現在完了的な脳の使い方が日本人の中にもすでにある，ということなのです。

そして，さきほどと同じように逆に言えば，どういうときに英語の現在完了形を使えばいいかと言うと，それはひとつには，自分が日本語で「〜しちゃった」とか「〜してしまった」と言いたくなるときなのです。そう覚えておけばいい。

もちろんそれ以外でも，過去の出来事が現在とつながっていると自分で思えば，あるいはつながらせたいと思えば，現在完了を使っていい。

うかつにも自動車事故を起こしてみずからの浮気が全世界にバレてしまったゴルフのタイガー・ウッズ選手も，事故後コメントを出したときに，

I have let my family down.
（私は家族をがっかりさせてしまった）

と，現在完了形を使って現在の自分の気持ちを表現しました。それはもちろん，いまもまだそのことを悔いる気持ちが続いているからなのです。

せっかく現在完了という英語の表現を知っていても，使わないのでは意味がありません。

英語脳ではどういうときに現在完了を使うのか，それを日本語脳にもある使い方のほうから理解しておけば，つまり，

両者のあいだにブリッジを架けておけば，自然と使えるようになるのです。

それを日本では，現在完了形は日本語にはない，英語の現在完了は，①「経験」，②「継続」，③「完了」……うんぬんかんぬんと，わけのわからない説明を始めるから，日本人はみな現在完了アレルギーになってしまうのです。

書かれている文章を解釈しようとして，あれこれいろいろと（屁？）理屈を考えるから，そのような七面倒な説明になってしまうわけです。使うという観点から考えていけば，その説明はおのずと違ってくるはずです。それを私はこの本の中でやろうとしています。

日本人は無意識のうちに現在完了的表現を使っている。現在完了は，日本人の脳の中にすでにあるのです。

「終わった」と「終わったところだ」

いまあげた「してしまった」の例は例外的なものではないか，と思う人もいるかもしれないので，もうひとつ例をあげましょう。

Did you do your homework?（宿題やったの？）
I've just finished it.（いま終わったところだよ）

あとのほうの文は，I just finished it.（いま終わったよ）とクールに言ってもいいわけですが，「終わったばっかし」

のときは，過去に終わった事態でも意識の中ではまだ現在までつながっている。だから英語では，このケースでは現在完了形が使われる場合のほうが多い。

このI just finished it. とI've just finished it. の区別も，日本語では，「いま終わったよ」と「いま終わったところだよ」というふうに，「ところ」を入れることで区別している。

Don't sit there. I've just painted it.
(そこに座らないで。いまペンキ塗ったばかり（ところ）だから)

この例のように，「ところ」のかわりに「ばかり」を使うこともある。

いずれにせよ，やはりここでも日本人の脳は，「現在完了」的な働きを理解しているのです。

justが入っているケースばかりではない。

justが入っていなくても，たとえば日本語で「私たちついにやったわ」というとき，英語では，

We've done it.

のように現在完了形を使うことが多い。この場合にも，話者の意識の中では過去と現在がまだ密接につながっている。

そしてこのケースでも，日本語ではちゃんと「ついに」という言葉を使って，そのことを表している。

気づいていないだけで，日本人の脳はちゃんと，過去と現在完了の区別を行っているのです。

だから，英語脳などわざわざ作らなくても，ほんの少しブリッジを架けて，日本語脳の中のその意識を目覚めさせてあげればいい。それで十分なのです。

蛇足ながら付け加えると，さきほど例にあげた「宿題やったの？」の「やった」に，英語では do を使います。

do は主に「する」という意味です。そして，日本語の「やる」も「する」のくだけた言い方です。

つまり，「宿題をする，やる」の「する」と，do one's homework の do もまた，日本語と英語でかなり近い使い方をしているのです。

英語の現在完了に形としても近い言い回し

これまで見てきたように，意味的にばかりではなく，形として英語の現在完了に近いものも日本語にはあります。

たとえば，次の文を見てください。

Have you ever been to Hokkaido?
（これまでに北海道へ行ったことはありますか）
〈過去〉（行った）　〈現在〉（あります）

Yes, I've been to Hokkaido twice.
（ええ，私は北海道へ２度行ったことがあります）
〈過去〉（行った）　〈現在〉（あります）

I've never been there.
(私はそんなところへは行ったことがない)
〈過去〉　〈現在〉

これらの文はいずれも文法用語では現在完了の「経験」という使い方ですが，ここで日本語では，過去形と現在形をつなげて使っている。

そう，ここではまさしく「過去」と「現在」がつながっているのです。

意味的にも，ever（これまでに）が入っていてもいなくても，話者の脳の中では常に，「これまでに〜したことがあるかどうか」と，過去から現在までつながる時間的スパンを考慮に入れて発話している。

Have you seen the movie?
(あの映画見たことある？)

I've taken the exam five times.
(私はその試験を5回受けたことがある)

これもみな同じです。文法用語では「経験」といっても，過去の経験だけを問題にしているのではなく，「過去から現在までのあいだの」経験を問題にしている。だから現在完了を使うのです。

現在完了形にはなぜ have を使うのか

現在完了形は「have＋過去分詞」と機械的に習い，覚えた人が多いと思いますが，そもそもなぜ現在完了形に have を使うのか知っていますか。

多くの人は，そのことを説明されずに，ただ機械的にそう覚えただけなのではないでしょうか。

残念ながらそういうやり方では，日本人の頭の中にせっかく英語脳があっても目覚めにくい。両者のあいだにブリッジが架かりにくい。だから結果的に，現在完了がうまく理解できないということになる。

まず第一に，have はどういう意味でしょうか。

「持っている」という意味ですね。

I have a car. は「私は車を持っています」という意味です。

しかしこれは，いま実際に手に持っているという意味ではない。

もちろん，もっと小さなもの，たとえばラケットとかであれば，実際に手に持っていてもいい。

いずれにしても，have は「ある物を所有している」⇒「持っている状態が現在も続いている」ということを意味しています。

このことを踏まえて，現在完了形を見てみてください。

たとえば，have finished は，「finished（終わった）過去の状態を現在も持っている」，すなわち，「終わった過去の状態が現在も続いている」ということです。

have gone toは「どこそこへ行ってしまった状態を現在も持っている」，have been toは「どこそこにいた状態を現在も持っている」ということです。

まさしくhaveは「過去」と「現在」を，「持っている」という意味でつなげているのです。

だから，現在完了形にはhaveが使われるのです。

だから，「過去」と「現在」がつながっているときには，現在完了形を使うのです。

英語では，I have a car.をI've got a car.ともよく言いますが，このhave got＝haveという形も，「手に入れた（got）過去の状態を現在も持っている」ということで，haveと同じ意味を表現できる。

もともと牧畜民族でいまもどちらかというと行動的な人が多いアメリカ人やイギリス人には，こちらのhave gotのほうがきっとしっくりくるのだと思います。自分で行動して手に入れて，その状態をいまも続けている，ということですから。

ニュース英語での現在完了

日常会話だけではなく英語のニュースでも，現在完了がよく使われるのは，やはり過去の出来事と現在がつながっているという意識が話者の中にあるからです。つまりそこでは，脳の中で，過去と現在がつながっている。

ニュースで放送されるような事柄は，過去に起きた出来事でも現在まで影響が大きいケースが多いので，これまで見てきた現在完了の特徴から言えば，それは当然のことです。

The WHO has raised its pandemic alert level.

WHOとは「世界保健機関」のこと，pandemicとは，「世界的，全国的広範囲に流行するepidemic（感染病，疫病）」のこと，alert levelとは「警戒レベル」のことです。

The WHO raised its pandemic alert level.

WHOがその警戒レベルを引き上げたのは過去のことなので，このように過去形で言ってもいいようなものですが，実際のニュースでは現在完了形で伝えられることが多い。

繰り返しになりますが，それは，その過去の出来事が現在のわれわれの生活にも大きな影響をもっているからです。だから，過去と現在がつながる現在完了形を使う。

これを日本語に直せば，どうなるでしょうか？

過去形の場合は，「WHOが世界的大流行の警戒レベルを引き上げました」となるでしょう。

しかし日本語でもやはり，「WHOが世界的大流行の警戒レベルを引き上げています！」と現在形で言うことがありますね。

それはやはり，過去の事実でもそれが現在までつながっている，という意識が日本語脳の中にもあるからです。だから現在形を使って，過去の事実を伝えるのです。
ここでも，英語脳と日本語脳のやっていることは，それほど変わりがない。

Mr. Robinson has died.

「ロビンソンさんが亡くなった」という事実も，英語ニュースではしばしばこのように現在完了形で伝えられる。
この場合にも，「ロビンソンさんが亡くなられています！」という言い方が日本語にもちゃんとあります。

More details have emerged in the bribery case.
(収賄事件の詳細がさらに明らかになってきています)

という例でも同じです。現在までつながっている。
ついでながら，先ほどあげた，The WHO has raised its pandemic alert level. という文は，

The WHO did raise its pandemic alert level.

のように，いわゆる強調の do，did を使って表現されることもよくあります。
が，この強調の do に関しても，やはり日本語脳には似たような使い方がある。
それはもっと簡単な次の文を見れば明らかでしょう。

I did say that.

この文を日本語に訳せば,「私はたしかにそう言いました」となる。I said that.（私はそう言いました）とは明らかに違う。

したがって，日本語脳で「たしかに」と強調したくなるようなとき，英語脳ではこの強調の do，did を使う，と考えればそれでいい。

そのように，日本語脳から英語脳のほうへブリッジを架けておけば，これもまたごく自然に日本語脳にも理解の及ぶこと，使うのが可能な表現なのです。

これからは強調の do，did もどんどん使ってみてください。「たしかに」と強調したくなるようなときに。

コラム：日本語と英語

英語と日本語

XYZ

KY＝「空気読めない」など，KY 式日本語なるものが流行しています。

こうした KY 語は，英語の no good が NG と略されるのと同じ感覚で生まれてきたものだろうと私は考えていますが，一種の言葉遊びとしては面白いかもしれないものの，KY 語の問題点は，英語の NG などとはまったく違って，知らなければその意味がまったく類推できないという点にあります。

『KY 式日本語』(大修館書店）という本によれば，CZ とは「チャック全開」という意味だそうですが，これなどは知らなければ，言われても何のことかまったく意味がわからない。

英語では，「チャック全開」は隠語で XYZ と言い，わりと広く知られています。

これは Examine Your Zipper. の略語で，ファスナーが開いていることを，それとなく相手に伝えるときに使われる（EX＝X)。

日常語としては Check Your Zipper. と check を使うほうがふつうでしょうが，あえて examine を使うのは，CYZ よりは XYZ のほうがずっと面白いし，言いやすくもあるからでしょう。

海外旅行中に「XYZ」と言われたら，ファスナーを至急チェックしてください。

第 **2** 章

英語ではなぜ
時制の一致のような
七面倒なことを
するのか

英語ではなぜ時制の一致をするのか

定冠詞，不定冠詞の区別と同じように，日本人が無意識に英語と同じように使っているものとしてまず現在完了形の説明をしましたが，今度は「時制の一致」の話をします。

これもまた，日本人を悩ませているもののひとつだからです。

時制の一致とはたとえば次のようなことです。

「私がここにいるってどうしてわかったの？」という文を作る場合，英語では，

「私がここにいる」I'm here.
「どうしてわかったの？」How did you know?

という2つの文を合体させる。そして出来上がった文では，

How did you know I was here?

のように，主節の動詞が過去のとき，従属節の時制が変化する。

Rachel told me you were getting married.
（あなたが結婚するってレイチェルが言っていたわよ）

という文でも同じです。従属節のyou are getting married

の動詞が，時制の一致で were となっている。

このあいだ見た『スパイ・ゲーム』という映画でも，CIA のエージェントを演じる主役のブラット・ピットが，もうひとりの主役のロバート・レッドフォードに，

I thought spies drank martinis.
（スパイはマティーニを飲むものだって思っていましたよ）

と，ちゃんと時制の一致をして話しかけていました。

余談ながら，これに対してレッドフォードは，

Scotch. Never less than twelve years old.
（スコッチだ。それも12年物よりも若いのは絶対にダメだ）

とかっこよく答えていました。

英語脳ではなぜ時制の一致をするのか——それについては以前『話すための英文法』という本の中で詳しく説明したので，ここではそれをごく簡単にまとめておくと，その理由は要するにこういうことです。

すでにあげた例文で言うと，語順の比較的柔軟な日本語では，

「私がここにいるってどうしてわかったの」
「どうしてわかったの，私がここにいるって」

「あなたが結婚するってレイチェルが言っていたわよ」
「レイチェルが言っていたわよ，あなたが結婚するって」

という両方の文が許されます。

どちらかといえば，どちらの文でも前者のほうがふつうです。つまり，従属節の内容のほうを先に言う。

しかし英語ではふつう，How did you know や Rachel told me など，主節の文を先に言います。

そしてこの場合，主節の動詞は過去形です。

つまり，ここでは過去の話をしている。だから，そのあとに続く従属節の動詞も必然的に過去形になる。そうしないと，過去において現在の話をしているというおかしなことになってしまうからです。

そのことは，次の文を見れば明らかでしょう。

I knew that you were a spy.
（私はあなたがスパイだと知っていた）

ここでは「私は知っていた」と過去形が使われている。それなのに，もしそのあとに you are a spy という現在形の文がきたら，過去において現在のことを知っていた，というおかしなことになってしまいます。

だから，英語では時制の一致をするわけです。

日本語ほど主節と従属節の順序に柔軟性がないので，英語ではこうするしかない。そうしないと，過去において現在のことを知っていたという神がかり的なことになってしまう。
時制の一致，などと言うとなんだか大変そうなことに聞こえますが，要は，事の必然としてそうなっているだけのことです。
面倒くさいなあ英語って，と思う人もいるかもしれません。
しかし実はここでも，無意識のうちに日本語脳でも同じようなことをやっているのです。
最初の養老さんの話の中でも紹介されていた桃太郎の話を思い出してください。
「昔々，おじいさんとおばあさんがおりました。おじいさんは，山へ柴刈りに行きました。おばあさんは，川へ洗濯に行きました。そこに桃が流れてきました」
ここでは日本語でも，動詞はずっと過去形を使っています。
そう，日本語脳もちゃんと知っているのです。
「昔々の」過去の話は全部過去形でするということを(「劇的現在」の用法など例外はありますが，ここではそれには触れません)。
だから時制の一致に関していえば，英語では，日本語脳の中にもあるこの「昔話の用法」を，「昔々の」過去のことだけではなく，遠い過去も近い過去も（文中の過去さえも）全部ひっくるめて過去全体に関して行うのだな，と考えておけばいい。
こういうふうに，日本語脳から英語脳へブリッジを架けておけばいいのです。
そして，どうしてそういうことになるのかと言えば，それはさきほど説明したように，英語では主節のほうをまず先に言うことが多いので，その動詞が過去形であれば，その時点で全体が過去の話になるからです。

逆に日本語では，「あなたがスパイだと私は知っていた」のように，従属節の内容を先に言うことが多いので，時制の一致の影響を受けない話法が発達してきたのだということです。

日本語では，「あんたは仕事が遅いって」と言ったあとで，相手の反応（怒り？）を見ながら，「『部長』が言ってたぞ」などと，場合によっては『 』内を自分から他人に変えることも可能です。

しかし，英語ではまず（堂々と？），the manager said を先に言うのです。

その違いです。

時制の一致をしないケースもある

これまで述べてきたように，英語では基本的には時制の一致を行います。

I discovered that I had a really sharp sense.
（私は自分が本当に鋭い感覚をもっていることに気づいた）

これが基本です。

時制の一致の話はここでやめておけば話がスッキリと終わ

っていいのですが，実は時制の一致をしないケースもあります。

多くの人が知っていると思われるその有名な例は，次の4つのケースでしょう。

He told me that he gets up early every morning.
(彼は毎朝早く起きていると私に言った) … **①習慣的な事実**

Galileo said that the earth is round.
(地球は丸いとガリレオは言った) …**②普遍的な真実**

The President thought it's important that there be more women on the court.
(大統領は法廷により多くの女性の存在が必要だと考えた)
…**③普遍的な真実だと話者が考えている事柄**

こうした習慣的な事柄や普遍的な事柄は，過去も現在も同じく変わらない事柄です。したがって，過去において現在のことを知ったとしてもおかしくない。そこで時制の一致の原則を離れることができる（ただし，時制の一致をしても間違いではありません)。

さらに，もうひとつ，**④従属節で述べられている出来事がまだ起きていないと考えられるとき，**にも時制の一致がかからないことがあります（時制の一致をしてもかまいません)。

Police announced that they are going to investigate the firm tomorrow.
(警察は明日その会社を調べる予定だと発表した)

The President told his generals that he is sending more troops to Afghanistan.
(大統領はアフガニスタンにさらに多くの軍を派遣すると将軍たちに伝えた)

ここまでは問題ないでしょう。ここでは従属節で語られている内容がまだ起きていないので現在形が使われているわけです。

これは何もむずかしいことではなくて，過去モードで主節の話を始めても，従属節の動詞のところへ来たときに，話している内容がまだ起きていないこれからのことだと思えば，時制の一致をせずに現在形を使えばいいわけです。

これを踏まえて，次の文を考えてみます。

Rachel told me you are getting married.
〈過去〉 〈現在〉

この文には，前にもあげたように，ふつうは，

Rachel told me you were getting married.
(あなたが結婚するってレイチェルが言っていたわよ)

のように時制の一致がかかります。

もちろん，従属節の内容がまだ起きていないと話者が考えていれば前にあげた例のようにここでも現在形が使えるわけですが，もうひとつ，**⑤従属節のほうを強調したいようなとき**にも，時制の一致をかけずに現在形を使うことが許されます。

が，これもまた，実は日本語脳でもやっていることです。

たとえば日本語で，「レイチェルが言っていたんだけど，あなた結婚するのね」というような場合。

この日本語だと，意味的にはどう考えても，「あなた結婚するのね」が主節で，「レイチェルが言っていたんだけど」は従属節です。

こういうふうに，主節と従属節の内容が意味的に逆転している場合には，英語脳でも時制の一致がかからない。

そこまで行かなくとも，とにかく従属節を強調したいときには，時制の一致がかからない。英語脳は強調するために何かいつもと違うことをしたくなる。

そういうふうにブリッジを架けておけばいい。

念のためにあと3つ例をあげておきます。

I heard from Leo you <u>would</u> leave tomorrow.
(あなたが明日発つってレオから聞いたわ)
I heard from Leo you'<u>ll</u> leave tomorrow.
(レオから聞いたんだけど，あなた明日発つんですって)

I told you I didn't like parties.
（パーティは好きじゃないって言ったよね）
I told you I don't like parties.
（パーティは好きじゃないって言ったじゃないか）

She claimed that she was the best person for the job.
（彼女は自分がその仕事にもっともふさわしい人間だと主張した）
She claimed that she is the best person for the job.
（彼女は自分こそがその仕事にもっともふさわしい人間だと主張した）

同じなのです。日本語でも，英語でも。
ただ，いままではその整理がうまくついていなかっただけ，日本語脳から英語脳へ適切なブリッジが架かっていなかっただけなのです。

thatを使うときと，使わないとき

「彼は歌手だと私に言った」と言いたいとき，thatを使うか使わないかによって，次の2つの言い方が考えられます。

He told me that he was a singer.
He told me he was a singer.

「彼女は急用があると言っていました」も，

She said that there was urgent business.
She said there was urgent business.

という2つが考えられる。

「私は彼女が正しいと思います」も，

I think that she is right.
I think she is right.

が考えられる。

この2つに違いはないのでしょうか。どういうときにthatを使い，どういうときにthatを使わないのでしょうか。

もちろん口語ではthatを使わずにすませてしまうことも多いです。

たとえば次の2つの文はある映画の会話の一節ですが，thatはまったく使っていません。

The moment I meet an attractive woman, I have to start pretending I have no desire to make love to her.
(魅力的な女性に会った瞬間に，僕は，その女性とセックスしたいなんてぜんぜん思っていない振りをしはじめなくちゃならない)

What makes you think you have to conceal?
(どうして隠さなくちゃならないって思うの？)

しかし，口語でも文語でも同じようにthatを使うときもあります。

全般的に言えば，that以下の節が短いときはthatが使われないケースが多いようにも思えますが，では，どのくらいまでが短いと言えるのでしょうか。

次の文もある映画の一節ですが，こちらはかなり短いのにthatを使っています。

Does this mean <u>that</u> I'm your slave?
(これはつまり僕が君の奴隷だという意味かな？)

I just thought <u>that</u> I'd wander.
(ただちょっとぶらぶらしようと思っただけ)

どういうときにthatを使い，どういうときにthatを省くのか――この問題もずっと気になっていたので，今回，さまざまなネイティブ・スピーカーの意見を参考にしつつ，やはり英語脳と日本語脳の働き方から考えてみました。日本語脳にその違いを説明できるような機能がないかどうか探ってみたのです。

その結果，いまではかなり合理的に説明できるような気がしています。

まず，I think that... と言ったあと，that 以下に言うことを少し考えるようなときは，必ず that を使いますね。

これは日本語でも同じです。

I think that... は日本語でいえば，「私が思うにはですね，つまりその……あの……」という感じになります。

that はもともと「その」とか「あの」という指示代名詞ですから，that dog（あの犬）などと同じように，これから that 以下に来る内容を指し示している，導いているわけです。

つまりまずは，日本語で考えて，「～と私は思います」「私は～と思います」とか「～と彼は言いました」「彼は～と言いました」のように，主節の述語を最後に言えるくらいの長さ（短さ？）のときは that を省くことが可能だけれども，日本語で，「私が思うには（ですね）」とか「彼が言うには（ですね）」と言いたくなるぐらい that 以下の内容が長かったり重かったりする場合には that を入れたほうがいいということです。

では，that 以下が短かったり，内容的に軽かったりする場合には常に that がないほうが自然なのかと言えば，そうとも言えません。

私がアメリカのオバマ大統領の記者会見やタウン・ミーティングでの発言を聞いていて気づくのは，that が非常によく使われることです。

英語でもっとも多く使われる語が the であることはよく知られていますが，オバマ大統領の発言を聞いていると，the

の次に多く使われるのはthatではないかという気さえしてきます。そのくらい彼はthatをよく使います。

そのオバマ大統領は，後ろが比較的短いときでもthatを省略せずに使うことが多いように思います。たとえばこんな具合です。

I think <u>that</u> a lot of fathers can relate to that.
(私は多くの父親がそれに同感できると思います)

比較的短い文でも，たとえばオバマ大統領がthatを省略せずに使うとすると，thatを使うかどうか，省略していいかどうかは，単に長さでは判断できないことになります。

では，どうしたらいいのでしょうか。

大統領になったら，thatを省略せずに使えばいいのでしょうか（笑）。

日本語脳のメカニズムにそれに近い使い方はないのでしょうか。

いや，ある，と私は思います。

ヒントはオバマ大統領にあります。

たとえば，先にあげた例文に「彼女は急用が<u>あると</u>言っていました」という文がありましたが，これをふつうの日本語の口語では，「彼女は急用が<u>あるって</u>言っていました」というふうに，「あると言っていました」の「と」のところを「って」と言うことが多くないでしょうか。

つまり，日本語に，

「彼女は急用があると言っていました」
「彼女は急用があるって言っていました」

という２つの言い方があるように，英語にも，

She said that there was urgent business.
She said there was urgent business.

という２つの言い方があるのです。

「と」と「って」と，「thatあり」と「thatなし」，もちろんこの両者は完全にパラレルというわけではありませんが，thatを使うかどうかを決めるひとつの目安にはなるでしょう。

しかし，一国の大統領ともなると，たとえ「って」のほうが一般的にはすでに自然で言いやすくはあったとしても，日常生活ではともかく，公の場では「って」の連発は避けたいところです。より丁寧な言葉遣いが求められます。

だからオバマ大統領は，比較的省略せずにthatを使っているのでしょう。

劇的現在と瞬間的現在

さて，さきほどは触れませんでしたが，英語にも日本語にも，劇的現在とか歴史的現在という用法があります。過去のことでも現在形を使って言う用法です。

たとえばこんな具合です。

The woman walks slowly toward the boy. The crowd makes room for her. Suddenly she begins to cry.
(その女性はその少年のほうへゆっくりと歩いていく。群衆は彼女のために道を空ける。突然彼女が泣きはじめる)

A guy walks into a bar with a duck on his head.
(頭にアヒルを乗せた男がひとりバーに入ってくる)

この手法は臨場感を出すために使われはじめたと言われていますが，要するにここでは，話者の意識がその出来事が起きた時点に戻っているのです。だから，それは現在，目の前で起きていることになって，動詞には現在形が使われる。その結果として，読者は臨場感を味わえる，というわけです。

この用法は日常会話でもよく使われます。

I can't believe him. He comes to my place out of the blue, and says, "Lend me 500,000 yen."
(まったくあいつにはあきれるよ。いきなりやってきて，50万円貸せって言うんだから)

ここでも，話し手の意識が，彼がやってきた時点に戻っている。だから，現在形が使われる。

この劇的現在の用法でも，訳文を見ればわかるとおり，英語脳の働き方と日本語脳の働き方は，まったく同じです。ここではブリッジを架ける必要さえない。

さらに，サッカー中継など，スポーツの中継でもしばしば現在形が使われる。

たとえばこんな具合です。

Beckham passes to Charlton, he takes it and shoots!

いま目の前で行われている出来事が，瞬時に終わって次の動作や行動に移っていくとき，英語ではしばしばこのように現在形で表現します。

それは，まだ終わったばかりで，話者の中にはそれが「終わった」という意識がないからです。

出来事がどんどん次へ進んでいってしまうので，その出来事を過去にしている時間がない。だから現在形を使う。

これもまた，日本語でも同じです。

「ベッカムがチャールトンにパスする。彼がそれを受けて，シュート！」

こんなことは，スポーツ中継をよく聞いている人ならとっくの昔にご存じのことでしょう。

英語脳も日本語脳もそのメカニズムはきわめて似通っているのです。

コラム：日本語と英語／英語と日本語

unity

チームが「一丸」となって，あるいは「挙党体制」で，といったときに使われるのが，unity という言葉です。

たとえば，「チームが一丸となったからこそつかんだ勝利です」という場合には，

The team's unity was a key factor behind the victory.

と言えばいい。

「抵抗勢力は，選挙後，挙党体制を築くことに同意した」は，

The opposition forces agreed to ensure party's unity after the election.

とする。

unity を辞書で引くと，「合同，団結，協調」といった訳語しか載っていませんが，その実，この言葉の使い道は意外に広いのです。

他にこんな使い道もあります。

「ヒル代表は北朝鮮問題に関して 6 か国が足並みを揃えて当たることを希望した」は英語では，

Representative Hill wanted six nations' unity on the issue of North Korea.

となります。

ここでは，「足並みを揃えて」というところで，unity を使っています。

第 **3** 章

＊✎＊✎＊

英語ではまず「主語」，そして動詞

英語ではまず「主語」，そして「動詞」

この本では，日本人が考えているのとは裏腹に，英語脳のかなりの部分はすでに日本語脳の中にもある，という話をして，日本語脳の中にすでにある英語脳へブリッジを架けようとしています。

次に取り上げたいのは，「主語」の問題です。

日本語では，「ああ，お鮨が食べたい」や「昨日，何時に寝た？」のように，一人称や二人称の主語を言わないことが多い。

長く農耕社会で何よりも（村）社会での「和」が求められた日本では，「俺が，俺が」というような人間はあまり歓迎されなかった。それよりも，自分を抑えて他の人に同調する人のほうが受けがよかった。

日本人が使う日本語で一人称や二人称の主語をはっきり言わないことが多いのは，そうしたことの影響かもしれません。

別にそれは格別悪いことではない。しかし，英語を話そうとするときには，その習慣がけっこう災いするかもしれません。

なぜなら，英語ではまずは「主語」，そして次に「動詞」がくるからです。英語では常に，まずは the manager said（部長が言っていた）なのです。

日本人が主語をはっきり言わないことがなぜ英語を話そうとするときに災いするのか，と言えば，それはこういうことです。

たとえば，次に２つの文があります。

「ああ，すっごくドキドキした」

「私っていつも片思い」

この日本語を英語に訳そうとして，「え？　ドキドキって何て言うの？」「片思いは？」と焦った人はいないでしょうか。

そういう発想の仕方をする人には，たいてい英語が出てこない。そうではないですか？　そして，

「え，何？　何？　ドキドキ？　片思い？　え，何？」

と頭の中がクエスチョン・マークだらけになって，「え，わかんない！」という「わかんない」地獄におちいります，たいていは。

なのに，あとで正解を聞いてみると，答えは意外に簡単で，

「え，何，それでいいの？　簡単じゃん」

とちょっと拍子抜けしたりします。

そういう「わかんない」地獄におちいらずにすむ方法が，ひとつあります。

それは，

「英語ではまず主語を決める」

ということです。それを肝に銘じておく。

たとえば，「すっごくドキドキした」という文では，誰が，何が，ドキドキしているのか，まずはその主体を決めるのです。

すでに触れたように，日本語では主語を言わなかったり，主語が曖昧だったりすることがよくありますが，英語では，まず「主語」，そして次に「動詞」なのです。

It’s raining very hard.（すごく強く雨が降っている）
It’s hot in the room.（あの部屋の中は暑い）

主語のないときも，こんなふうに無理やり非人称の it という主語を作り出してしまう，それが英語なのです。

もちろん英語にも，Incredible!（信じられない！），How beautiful!（何て美しいんだ），Listen to me.（私の言うことを聞きなさい）のように，主語のない文もあります。

しかし，I をはじめとする主語が非常に重要であることが英語の大きな特徴であることは間違いありません。

だから，英語を話そうとするときは，「主語・動詞，主語・動詞……」とおまじないのように心の中で唱えることも大切です。

その癖をつけると，だんだんと英語が出てきやすくなる。

先の例で言えば，「ドキドキする」のは「私の心臓」です。

だから，my heart という主語をまず決める。

そうすると，beat（鼓動する）という動詞が，それに続いて何となく出てくるようになる。

で，そのあとに，「すっごく速く」の so fast をつける。

そうすると，「すっごくドキドキした」の英語として，

My heart was beating so fast.

という文が出てくるのです。

「片思い」は英語で何と言う？

「片思い」は直訳すれば one-sided love。

しかし，これはちょっと直訳的で，「私っていつも片思い」という文には使いにくそうに思えます。

そもそも，one-sided love などという表現を知っている人はそう多くはないでしょう。そんなことまで知っているなら，誰も英語が話せない，などとは悩まない。

しかしここでも，「まずは主語を決める」という鉄則に従えば，それを知らなくても自然に文が出てくる。

ここではまず，「私の思い」(my feeling) を主語に決める。

すると，ここでは「片思い」なので，私の思いが「共有されていない」⇒not shared という英語が，だんだんと続いて出てくるようになる。

feeling ではちょっと物足りないなと思えば，feelings と複数形にしてやればいい。そうすると「思い」が重なって，「熱い思い」になる。

その結果，「私っていつも片思い」は，

My feelings have never been shared.

という英語になる。

まず主語を決める――この鉄則を肝に銘じれば，あなたも，「何？　何？　わかんない」地獄から脱却をはかることができる。

ここでは，そういうブリッジを日本語脳から英語脳のほうへ架けておけばいい。

「ああ，（私は）お鮨が食べたい」という文でも，「昨日（あなた）何時に寝た？」という文でも，主語は隠れているだけなのです。

そこで「主語」を表に出すように英語脳のほうにブリッジを架けておけば，だんだんと英語が話しやすくなります。

「働いているあいだ子どもたちは託児所に預けています」という文は，次のようになります。

I leave my children in a child-care center while I work.

しかし，この文の下線の部分はすぐに思い浮かばないこともあるでしょう。

そういうときは，さっと頭を切り換えて，主語を変えてみます。

A child-care center takes care of my children while I work.

主語を意識すると，だんだんこういうことも可能になってきます。

コラム：日本語と英語

善きサマリア人
Good Samaritan

英語の文章には聖書からの引用がよく出てきますが，「善きサマリア人」(Good Samaritan) という表現も，「困っている人に援助の手を差し伸べる憐れみ深い人々」という意味でよく使われます。

アルフレッド・ヒッチコック監督の名作『北北西に進路を取れ』という映画では，タクシー待ちをしていた人物に，秘書の具合が悪いという嘘をついて先にタクシーに乗り込んだ主演のケーリー・グラントが秘書に，

I made him feel like a Good Samaritan.
(僕はあいつに善きサマリア人の気分を味わわせてやったのさ)

とうそぶいていました。

さる年の『タイム』誌の新年号も，The Good Samaritans という見出しで，ビルとミランダのゲイツ夫妻や，歌手のボノを紹介していました。

この善きサマリア人の挿話は，新約聖書の「ルカによる福音書」に出てきます。

エルサレムからエリコに向かう途中で追いはぎに襲われて困っている人がいましたが，通りがかった人はみな見て見ぬふりをしていった。そんな中で，旅の途上のサマリア人だけがその人を憐れに思い，傷を手当てして包帯をし，自分のろばに乗せて宿屋まで連れていって介抱し，宿屋の主人にも金を渡して，この人を介抱してやってほしい，と頼んでいったのです。

その善行が，いまに至るまで英語の中に生きているというわけです。

そんなサマリア人とは逆に，「恥知らずの俗物」という，非常に悪い意味でよく使われるのが，Philistine（ペリシテ人）という表現です。

いつだったかも，北朝鮮がブッシュ元大統領を名指しで非難する際に，

He is a Philistine.

という表現を使っていました。

このペリシテ人の巨人戦士で，イスラエルのダビデ王に倒されたのが，ゴリアテ（Goliath）です。

ペリシテ人もサマリア人もかつてイスラエルの敵だった人々ですが，両者はいま，英語という言葉の中でまったく違う地位を与えられているというわけです。

第 **4** 章

「に」と「で」, with と by

日本語における「に」と「で」の使い分け

There were five students in the classroom.
(教室「に」5人の生徒がいました)
They are studying in the classroom.
(彼らは教室「で」勉強しています)

この2つの文では，英語では同じ前置詞inを使っているにもかかわらず，日本語では，教室「に」と教室「で」を使い分けています。

どういうときに「に」を使い，どういうときに「で」を使うのか。以前，日本語を勉強しているアメリカ人にこう訊かれて，答えに窮したことがありました。

たしかに日本語では「教室『で』5人の生徒がいました」とは言わないし，「彼らは教室『に』勉強しています」とも言わない。こんなことは間違えようがない。

しかし，無意識に使っているので，どういうときに「に」を使い，どういうときに「で」を使うのか，と改めて訊かれると，すぐには答えられませんでした。

「キッチン『に』冷蔵庫が2つありました」
(There were two refrigerators in the kitchen.)
「キッチン『で』夕食の準備をしました」
(I prepared dinner in the kitchen.)

ここでもたしかに「に」と「で」を使い分けている。やはりこれも日本人なら間違えようがない。

けれども，どう使い分けているのか，と訊かれると，困る。答えようがない。

しかし，困っている外国人をそのまま見捨てるのも気の毒なので，私はそれからいろいろと考え，文法書を調べてみたりもしました。

その結果，日本語では，何かが存在する場所を示すときには「に」を使い，何か行動を伴う場所を示す際には「で」を使っているということがわかりました。

日本語脳は無意識のうちにそんな使い分けをしているのです。

私は，それまで自分が無意識に使い分けてきた区別を十分クリアに意識化できたと思ったので，訊かれたアメリカ人にそれを伝えました。

しかし相手は，わかったような，わからないような顔をして，まあ，それはそうなのかもしれないけれども，何だかそんなことをいちいち考えて助詞を使うのは大変だな，というようなことを言いました。

まあ，たしかに，外国人の立場から言えばそうかもしれない。

「だからね」と私は言いました。「何かがあったり，いたりしたときは『に』で，何かをしていたり，したときは『で』なんだよ。もっといえば，静的なイメージのときは『に』で，動的なイメージがあるときは『で』と覚えておいてもいいかもしれない」

するると相手は少し安心したような顔をして，「うん，それだとちょっとわかりやすいかもしれない」と言ってくれました。

英語におけるwithとbyの使い分け

私は，その彼をさらに安心させようと思って，「英語だっていろいろ七面倒なことをしているんだよ，あなたが意識していないだけで」と言い，次の例をあげました。

「彼はナイフ『で』その男を刺した」
「彼はその女性を力ずく『で』押し倒した」

「これ，日本語ではどちらも『で』を使うけれども，英語では違うだろう？」

先の文は英語にするとこうなります。

He stabbed the man with a knife.
He pushed down the woman by force.

これをどちらもbyで言ってくれたら，日本人にはどんなに助かるかわからない。

なぜなら，by bus（バスで），by taxi（タクシーで）など，「で」の場合にはbyを使うケースが多いからです。

ところがどっこい，そうは問屋が卸さない。

「ナイフで」の場合は，間違いなくwithを使う。英語の話し手はこれを絶対に間違えない。

「～を使って」というニュアンスがあるときはwithを使えばいいのかというと，そうでもない。「～を使って」には，usingという別の単語が英語にもちゃんとある。

では，withとbyを英語脳の中ではどのように使い分けているのか，と言えば，withには，「withでつながっているもの同士がお互いにくっついている，あるいはくっつく」というイメージがあるのです。

先の文で言えば，「彼」は「男」を「ナイフ」で刺している。

したがって，「男」と「ナイフ」がそこで「くっついている」。だから英語ではここでwithを使う。

I cut the paper with scissors.
（私はハサミでその紙を切った）

も同じです。「紙」と「ハサミ」がくっついている。

He was diagnosed with swine flu.
（彼は豚インフルエンザにかかっていると診断された）

これなどもまさしく，「豚インフルエンザ」（ウィルス）にくっつかれてしまったわけです。

日常会話ではよく，

What's wrong with you?
（何かあったの？）

という表現を使いますが，これは直訳すれば，「どんな悪いことがあなたにくっついているの？」という意味なのです。

Come with me.
（私と一緒に来て）

などもそうです。

ここでは実際にくっついて，たとえば腕を組んだりしているかどうかはわかりませんが，イメージとして「私」と「一緒に来る人」がくっついている。

I went to the movies with her.
（僕は彼女と映画に行った）
Do you like your coffee with milk?
（珈琲にはミルクを入れますか？）
I can't get along (well) with him.
（私，彼とはうまくやっていけない）
I broke up with her.
（私は彼女と別れた）

などもみな同じです。

もっと抽象的な文になっても，この原則は変わりません。

You are obsessed with stereotyped views.
（あなたは固定観念に縛られている）

be obsessed with は「〜にとりつかれる」という意味なので，with 以下のものに，この場合には固定観念に「くっつかれている」感じがよく出ているのです。

by はどんなときに使うのか

それに対して by はどうかと言うと，by にはもともと，by the window（窓のそばで）のように「そば」「近く」という意味があります。

だから，with のように，前後のものがくっついてしまうほどの強いイメージがないときは，「〜のそばに」「〜によって」の意味をもつ by が使われることになる。

さきほどあげた by force の例もそうだし，by bus などもそうです。

そしてそれが，

She attempted suicide by taking poison.
（彼女は毒を飲むことで自殺（服毒自殺）をはかった）

He started his speech by asking us a question.
(彼は私たちに質問をすることで講演を始めた)

といった少し抽象的な使い方へとつながっていく。

こうしたwithとbyの使い分けは，英語を学ぶ外国人にとってはたしかに面倒くさいことです。

しかし，私たち日本人もまた，日本語を話すときには無意識のうちに，すでに見たような「に」「で」の使い分けをしている。

お互い様なのです。

要は，外国語を学ぶときには，各言語のネイティブ・スピーカーが無意識のうちに脳の中で行っている使い分けを，一度意識上に顕在化させて，それを意識的に実践できるようにする必要があるということです。

しかし，英語脳にせよ，日本語脳にせよ，どちらもひとつのシステムですから，そこには必ず原則，ルールがある。それを意識化すればそれでいい。

そしてそこへブリッジを架けてあげればいいのです。ここで取り上げた「に」と「で」，withとbyのように。

コラム：**日本語**と英語
英語/日本語　♥＊★❀♥＊★❀♥＊★❀♥＊★❀

ひもつきではない

　郊外に住む裕福な家庭の主婦たちの日常を，大いに誇張してきわめてコミカルに描いたテレビ・ドラマ『デスパレートな妻たち』は，アメリカで非常に話題になり，日本でも放送されました。私も大いに楽しませてもらいました。

　ブッシュ元大統領のローラ夫人も，あるパーティのスピーチで，「私もデスパレートな妻のひとりです」と発言して，会場から大いに笑いを誘ったものでした。

　このドラマには当初から，

It's so unrealistic and over the top.
（あまりにも非現実的で，やりすぎ）

という声がありましたが，かなり誇張されているとはいえ，このドラマはアメリカの家庭の日常生活を描いたものなので，私たちにも日常会話で使えそうな表現がたくさんありました。

　ちなみに，上の over the top という表現は，「度を越えた，やりすぎの」という意味でよく使われる表現です。

　She went over the top. と言えば，「彼女はやりすぎた」という意味になる。

　ドラマじたいに出てきた表現では，たとえば，登場人物のひとりが，デスパレートな妻たちのひとり，スーザンをディナーに誘うときに次のように言いました。

Dinner, drinks, no strings attached.

★❀♥＊★❀♥＊★❀♥＊★❀♥＊★❀♥＊★❀♥＊★❀

この文は日本語にすれば,「食事をして，お酒を飲んで，それ以外は何もなし」ぐらいの意味になるでしょうが，No strings attached. という表現はよく使われるので覚えておくと便利です。

string とは「ひも」のことで，No strings attached. とは「ひもつきではないですよ」という意味。「ひも」とは要するに「付帯条件」のことです。

ここからビジネスの分野でも,「このオファーには付帯条件は何もありません」という意味で，

No strings are attached to this offer.

という具合に使える。

それにしても，no strings attached と「ひもつきではない」。英語と日本語ってほんとに似ていると思いませんか。

第 **5** 章

＊✎＊✎＊

仮定法ではなぜ I was のかわりに I were を使うのか

仮定法ではなぜ過去形を使うのか

英語の仮定法も日本人を悩ませる事柄のひとつです。

If I had money, I could help you.
(もし私にお金があったら，あなたを助けられるのだけれど)

たとえばこれが仮定法と言われる文です。

ここでは，現在の事柄に関して現実とは違う仮定の話をしている，現在の仮定です。ちょっとややこしいのですが，これが文法用語で言ういわゆる仮定法過去の用法です。

つまりこの文の話者は，「現実にはお金がないのだけれども，もしもあったら（仮定），あなたを助けられるのに」と言っている。

もう少し夢のある例もあげておきましょう。

If you had wings, you would be an angel.
(もし君に翼があったら，天使になっているよ)

If you knew how much I loved you, you'd faint.
(もし君が僕がどれほど君を愛しているか知ったら，君は気絶するよ)

仮定法が使われるのはもちろんif節が含まれる場合ばかりではありません。

I wish there were easy answers to the problem.
(その問題に簡単な解決策（答え）があったらいいのに)

これも現実にはその問題に対する簡単な解決策がないことを前提に，現実とは違う，非現実的な願望を表現している。

過去の仮定は，たとえばこうなります。

If I had passed the exam, I could have become a doctor.
(もしあの試験にパスしていたら，医者になれたかもしれないのに)

ここでは，過去に受からなかった試験に関して，もし受かっていたらと，過去の事実とは違う仮定をして話をしている。これが過去の仮定です。文法用語で言ういわゆる仮定法過去完了です。

この仮定法をもう少し詳しく見ていってみます。まず，現在の仮定のほうから。

If I <u>had</u> money, I <u>could</u> help you.
(もし私にお金があったら，あなたを助けられるのだけれど)

この文で，英語ではif節でも主節でも過去形を使っています。

それに対して日本語では，「もし」節では英語と同じように過去形を使っていますが，主節のほうは現在形です。

なぜ現在の仮定の話，つまり「もし」節は英語脳でも日本語脳でも過去形で言うのか，If I had money や「もしお金があったら」のように過去形で言うのか，と言えば，それは，よく「歴史にもし，たら，れば，があったら」と言われるように，人の感覚では，過去の事柄に関してなら，「もし～なら」「もし～していれば」というような仮定の話をすることが可能なように感じられるからでしょう。

だから英語脳でも日本語脳でも，そこには自然と過去形を使いたくなる。

さらに英語脳の場合には，時制の一致の意識が強いこともあって主節のほうも過去形で言う。その違いだけなのです。

だから，ここではそこへブリッジを架けておけばいい。

過去の仮定

ここまで見てくれば，過去の仮定はもう簡単に説明がつくはずです。

If I had passed the exam, I could have become a doctor.
(もしあの試験にパスしていたら，医者になれたかもしれないのに)

現在の事柄を仮定するには，英語では動詞の時制を現在から一段過去へ下げて過去形を使った。

ならば，過去の事柄を仮定するには，過去から一段下げて，過去完了形を使う。

これが英語脳の自然な発想なのです。

だから，過去の事柄を仮定するには，この文のように過去完了形が使われる。そしてそのあとの文でも，過去より一段下げる。

英語脳はそんなにむずかしいことをしているわけではないのです。日本語脳にも十分理解可能なことをしているだけなのです。

それを，英語脳の働き方を理解せずに，機械的に文法として覚えようとするから，むずかしく感じられるだけなのです。

仮定法を使うのはあくまでも現実とは違う仮定の話

これに関連してもうひとつ日本人がまごつきやすいのが，次のような英語です。

If it rains, I'll drive you home.
（もし雨が降ったら，僕が家まで車で送っていくよ）

Call me if you get lost.
（もし迷ったら，電話して）

これは英語では仮定法ではありません。だから過去形を使わない。

しかし日本語では，「もし雨が降ったら」「もし迷ったら」と過去形を使っている。

だから，日本人はここでまごつきやすい。

たしかにここでも，仮定の話をしています。

したがって英語でも仮定法を使って，動詞を過去にすべきであるように思う人もいるかもしれませんが，英語では，仮定法を使うのはあくまでも，「現在の事実や過去の事実と違う」仮定の話をするときだけなのです。

ここはしっかり押さえておく必要があります。英語脳のほうへブリッジを架けておく必要がある。

英語の仮定法は，現在や過去の事実と違う仮定をするときに使う。

この原則を踏まえて先にあげた2つの文を見ると，ここでは現在の事実と違う仮定をしているわけではない。ただ，未来の可能性のひとつを問題にしているにすぎない。

ここでは，まだ雨も降っていないし，迷ってもいない。だから現実の事実と違う仮定ではない。だからここでは英語脳は，過去形（仮定法）は使わずに，現在形で言うのです。

もちろん，いま雨が降っていないのに，それとは違う状況を仮定して，仮定法で言うことは英語でもできます。そうすると次のような文ができる。

If it <u>rained</u>, I <u>would</u> drive you home.

これは，日本語の「もし雨が降ったら，僕が車で送っていくよ」という文ではない。

これは,「いま雨は降っていないけれども,もし降っていたら,僕が君を車で送っていくのだけれども」という意味の,現在の事実とは違うことを仮定して言う仮定法の文です。

さて,この違いを理解できたどうか,英語脳のほうへブリッジが架かったかどうか,次の文でテストしてみましょう。

「それ以上近づいたら,撃つわよ」

映画などでよく出てくるこの言い回しを,英語で言うとどうなるか。

これは仮定法(現実とは違う仮定の話)ではなく,未来の可能性のひとつを問題にしているだけですね。ですから,この文を英語にすれば,

If you come closer, I will shoot you.

となります。

未来のことばかりではなく現在のことでも,事実と違うかどうかそもそもわからない場合や,仮定する必要度が低い場合には,仮定法は使いません。

次の文はセオドラ・ドライサーというアメリカの作家の小説『アメリカの悲劇』を基にして映画化された『陽のあたる場所』という映画の一節です。

If he is guilty, I won't spend a single cent to save him from the electric chair.

（もしあいつが有罪なら，俺はあいつを電気椅子から救うために一銭も使う気はないぞ）

『陽のあたる場所』は，エリザベス・テイラーとモンゴメリー・クリフト主演の悲恋の物語ですが，この一節は，映画の中である女性を事故で死なせてしまったクリフトに対して，テイラーをクリフトに紹介した叔父が言うセリフです。

もし，無罪を信じているのなら仮定法を使って言ってもよいわけですが，ここでは叔父は，事実がどちらかわからないから，あるいは内心，おそらく彼がやったのだろう，有罪なのだろう，と思っているから仮定法を使っていないのです。

I wasのかわりにI wereを使う理由

If I <u>were</u> you, I wouldn't do that.
（もし私があなただったら，そんなことはしないでしょうに）

日本の試験問題などでよく見かけるこの文では，他の現在の仮定の文とは違って，動詞を単に過去にするだけではなく，通常使われるwasのかわりにwereを使う必要があります。

このことはすでに多くの日本人が知っているでしょう。

しかし，英語ではなぜこんなことをするのか，疑問に思ったことはありませんか。

その理由もやはり，英語の仮定法というものが，現実とは違う仮定をするときに使われるというところにあるのです。

この文では，「もし私があなただったら」と，仮定の中でもとくに「あり得ない」仮定をしている。

だから，その「あり得なさ」を示すために，文にするときも，（私が話を聞いたネイティブ・スピーカーの思いを総合すると）通常の was を were に変えるという「あり得ない」ことをしたくなるのです。文にするときもふつうには「あり得ない」ことをして，その仮定の「あり得なさ」を示そうとするのです。

それが英語脳の自然な欲求なのです。

ただ文法的に覚えるのではなく，それがわかれば，そこへブリッジが架かれば，ここで was が were に変わる理由にも自然に納得がいくはずです。

この英語脳の働き方を証明するような事実があります。

仮定法では，主語が I ではなく he や she の場合でも was ではなく were が使われるわけですが（使用頻度は I の場合ほど多くはありませんが），そうした場合には仮定法本来の were ではなく，was が使われる，was ですませてしまうケースがしばしば見られます。

このことは，自分のことではなく他人の仮定となると，「あり得なさ」を表現したいという欲求が減るためだと考えられます。他人のことはどんなことであれ——たとえ仮定であれ——それほど確信をもっては言えないからです。そこで，主語が he や she の場合には，ただ過去にするだけで，were にまでしようとは思わないのでしょう。

それが実感としての英語脳のメカニズムなのです。

I の場合にも，if I were you や if I were his mother（もし私が彼の母親だったら）のようにかなりあり得ない仮定ではなく，次のような普通の仮定には was が使われるケースが増えています。

I would feel much safer if I was able to carry a weapon here.
（ここで武器を携帯することができたら，私はずっと安全だと感じられると思います）

「ここ」では武器の携帯が禁止されているわけですが，もしそれができたら（仮定），ずっと安全だと感じられるだろう，と話者は言っているわけです。

(even) if...were to do

ついでにここで，if...were to do（もしも〜しても），even if...were to do（たとえ〜しても）の使い方についてちょっと触れておきます。

この表現は辞書などでは，ほとんど可能性のない強い仮定を表す表現として紹介され，たとえば，

Even if the sun were to rise in the west, I wouldn't break my word.

（たとえ太陽が西から昇るようなことがあっても，私は約束を破りません）

というような例文が引かれることが多いのですが，これではちょっと自分には使えそうにないですよね。一般的に使われている表現だとは思えない。

しかし実はこの表現，かなりふつうに使われているのです。

たとえば，ある企業の秘密情報を握った人物がその企業に脅しをかけるような場合，こう言います。

If I were to give this information to the media, they would love it.
（もしも私がこの情報をメディアに流したら，みんなきっと大喜びするでしょうね）

そんなことはしないつもりだけれども，もしそうしたら，という強い仮定表現を使うことによって，この話者は暗に「そうなったら大変なことになりますよ」ということを強調しているというわけなのです。

だからここで英語脳では，was ではなく were を使う必要が，欲求が，生じるのです。

コラム：日本語と英語／英語と日本語

苦肉の策

「あれ，実は苦肉の策だったんですよ」
などとよく言いますが，これは英語ではどう言うでしょうか？

たとえば，

It was a last resort.（あれは最後の手段だった）

という，わりとストレートな文もいいでしょう。「実は」は，最後に indeed あたりをつければいいでしょう。

もう少し感じを出すなら，

It was a desperate measure.

もいいかもしれません。

desperate はもちろん，「死に物狂いの」とか「必死の，破れかぶれの」といった意味です。

第 **6** 章

＊✎＊✎＊

冠詞脳へ
ブリッジを架ける

a と an はもともとは one だった

いよいよ冠詞の話をしたいと思います。

冠詞は日本人にとってとくにむずかしいもののひとつですが，養老さんがおっしゃっていたように，その機能じたいは日本語脳の中にもあるものです。

つまりそれは，私たちが日常的に使っている機能だということです。

日本の英語教育ではよく，不定冠詞の a と an の説明をするときに，不定冠詞にはふつう a を使い，あとに来る名詞の最初が母音の場合は例外的に an を使う，という教え方をします。

しかし，この教え方では a と an のイメージをはじめに十分伝えることができないと私は思っています。

不定冠詞の a，an は，元をたどればどちらも one だったのです。

日本語でも，何かがひとつしかないときは，数が問題になるとき以外は省いてしまうことがよくあります。いちいち「ひとつの」と言うのは面倒だし，言う必要もないからです。

それと同じで，英語でも，いちいち one と言うのは面倒なので，だんだんと one がまず an にかわり，やがて多くの場合には n もとれて a になってしまいました。

ただ英語では，日本語のように全部省いてしまわずに，a(n) が残ったということです。

ですから，a も an ももともとは one（ひとつの）という意味をもっている。

このことをまずきっちりと教えないといけない。

そうすればあとになって，数えられない名詞が出てきたときに，それに a や an がつくのはたしかに変だな，と素直に納得できるはずです。

それはたとえば，「にわとり」には a chicken と a がついても，「鶏肉」の意味の chicken には a をつけたら変だな，ということです。

そういうことが自然にわかる。感じられる。それが英語脳のほうへブリッジを架けるということです。

ここでは，a や an の成り立ちを知ることで，そのブリッジが架かるわけです。

I ate an apple.（私はりんごをひとつ食べた）

はよくても，

I ate a chicken.（私はにわとりを一羽丸ごと食べた）

は変だと感じられるようになる。これは，

I ate chicken.

と無冠詞で言わなくてはいけない。

a から the へ

There was an apple on the table.
（テーブルの上にりんごがひとつあった）

The apple was delicious.
（そのりんごは美味しかった）

これが，多くの人が最初に習う不定冠詞と定冠詞の使い分けです。

まず，「テーブルの上に，まだ特定されないあるひとつのりんごがある」。

しかし次には，「そのりんご」（the apple）となって特定される。

だから定冠詞の the がつく。

この文では，日本語の「その」と英語の the が見事に対応しているので，非常にわかりやすい。日本語で「その」というときに，英語では the を使えばいい。

それだけであれば，日本語脳にとって the はどれほど組しやすいことでしょう。

しかし，不定冠詞に関して，日本語では「ひとつの」（one）をわざわざつけないのに対して，英語では a や an が残ったように，日本語では「その」を省いてしまうようなときでも，英語では the がつくケースがままあるのです。

だから，厄介なのです。そこでここではそこにブリッジを架けてあげる必要が生じる。

たとえばそれは，the sun（太陽）のような場合。

日本語ではいちいち「その」太陽とは言いません。しかし，英語では，the sun と常に the をつけて言う。

一般名詞でも，ある話をしている人たちの中でそれが無条件にひとつのものに特定されるなら，はじめから定冠詞の the が使われることがある。

たとえば，

Let's meet at the station.（駅で会いましょう）

というようなときに，話し手と聞き手のあいだで「その駅」に関する共通の認識があれば，つまりどの駅かわかるなら，ある特定のひとつの駅ということで，はじめから定冠詞の the が使われる。

日本語ではここでも「その」は省かれます。

したがってここでは，何かがあるひとつのもの，あるいはひとつのグループに特定，限定される場合には，日本語では「その」を言わないケースでも英語では the がつくことがある，と覚えておく必要がある。

それでもこれだけなら，日本語脳から英語脳へのブリッジは，ごく短いものですみます。

しかし，英語の冠詞にはまだ先がある。

固有名詞にはなぜ the がつかないのか

英語では，例外的なケースを除いて固有名詞には the をつけません。

これは，日本語脳にもすぐに納得がいきます。なぜならそれは，いちいち「その」を使わない日本語脳の使い方により近いからです。

いま，例外的なケースを除いて，と言いましたが，その例外的なケースというのは，the Rachel I talked about yesterday（昨日僕が話したそのレイチェル）というような場合です。

しかし，こうした例外的なケースを除いて，英語では固有名詞には the をつけません。

Japan のような国名にも，Monday のような曜日にも，March のような月名にも，みな固有名詞だから the はつかない。そのかわり書くときは，単語の最初が大文字になりますね。

つまりこれは，何かがひとつのものに限定されても日本語のように「その」を省いてしまわない英語でも，さすがに固有名詞となると the を省いてしまうのだな，と考えればいい。つまり，日本語脳の処理の仕方と同じになるのだ，と。

そのことの非常にわかりやすい例が，the Tokyo tower（東京タワー）や the Nikko hotel（日航ホテル）といったケースです。

英語ではひとつのものに限定されてもふつうは the が残り

ますから，このケースでも普通名詞である tower や hotel に対して the がつくのがふつうです。

しかし，英語を話す外国人のあいだでも，日本に長くいると，だんだんとこの the がとれてくる。

それはつまり，the Tokyo tower や the Nikko hotel がだんだんと固有名詞化して，両方とも大文字の Tokyo Tower や Nikko Hotel になってくるということです。

そうなると英語脳でも，固有名詞には the をつけないという原則が働いて，the をつけなくなるのです。

比較的外国人との付き合いが多い私は，これに関してはその現場（?）を何度も目撃してきたので，英語脳の働き方がわかってとても興味深く感じました。

the World Health Organization（世界保健機関），あるいは the World Trade Organization（世界貿易機構）のような組織には，the WHO，the WTO となってもやはり the が残ります。the はけっこう粘着質なのです。

が，the North Atlantic Treaty Organization（北大西洋条約機構）のように，その頭字形が NATO（ネイトウ）のような読み方をする場合には，固有名詞扱いになって，the がつかなくなります。より固有名詞的になるからでしょうね。

APEC（エイペック）や NASA（ナサ）なども同じです。

このように，固有名詞に the がつかない，という英語の原則は，日本語脳にとっては非常にわかりやすいものです。

theの機能の援用

しかし，英語のtheにはもう少し広い使い方があるので，そこへはブリッジを架けておく必要があります。

が，それも，元をたどれば，あるひとつのもの（やグループ）に特定できればtheを使う，という英語脳の原則に基づいています。

この原則を英語脳は逆に，あるものやグループ，あるいは，ある漠然としたものなどをひとくくりにして限定するために利用するのです。

たとえば，the media（メディア）という言い方があります。

mediaはもともとは「媒介者」という意味ですが，the mediaは情報の媒介者，つまり「報道機関」という意味でよく使われます。

これは，テレビ，ラジオ，新聞，雑誌などさまざまにある報道機関（media）にtheをつけることで，「ひとくくりにして限定している」わけです。

the young（若者），the rich（お金持ち），the disabled（身体障害者），the Japanese（日本人）などもみな同じ使い方です。

本来はひとつのものに特定できるようになったときにつけるtheを，英語脳は逆に，ひとつのグループに限定するために能動的に使う。

こういう英語脳の働き方を理解すれば，このtheの使い方にはごく自然に納得がいくはずです。

He is taking a lot of ribbing from the guys in the neighborhood.
(彼ったら，隣近所の人たちからすっごく冷やかされてるのよ)

これは，専業主夫になった男性が「隣近所の人たち」から冷やかされているという話で，rib というのは「わき腹の肋骨」のこと，ribbing はそれをつつくことから，「冷やかし」とか「からかい」の意味になります。

ここでも，guys in the neighborhood に the をつけることで，「隣近所の人たち」をひとくくりにして限定しているわけです。

ここでもし，定冠詞の the を使わずに，a を使って（単数形で）言ったとします。

He is taking a lot of ribbing from a guy in the neighborhood.

そうすると，この文の話者は，特定はしていないけれども頭の中であるひとりの人間を想定していることになり，話が一気に生々しくなってしまいます。

固有名詞の複数形にtheがつく理由

英語ではまた，固有名詞の複数形にtheをつけて，ひとくくりに限定することもあります。

それがたとえば，the Joneses（ジョーンズ一家，ジョーンズ夫妻）のように，Jones（ジョーンズ氏）にtheをつけて，ジョーンズさんの家族を表すような場合です。

日本でも有名なロック・グループ，ビートルズやローリング・ストーンズにも，英語では，the Beatles, the Rolling Stonesとtheがつきます。これはどちらもひとりではなく，何人かのBeatleやRolling Stoneが集まってできたグループであるために，それをtheでひとくくりにしているわけです。

この「theの機能を援用してひとくくりにする」使い方がとてもよくわかるケースがあります。

英語ではふつう，島の名前にはtheがつかない。

Sicily Island（シシリア島）とかEaster Island（イースター島）のように，theをつけずに言います。

前に説明したとおり，これについても最初はthe Sicily islandとかthe Easter islandのように固有名詞を飛び越してあとのislandにtheがついていた時期があったかもしれませんが，the Tokyo tower⇒Tokyo Towerと同じように，固有名詞化するとtheがつかなくなります。

固有のものにはtheをつけなくても，ひとつのものに特定できるからです。

ただし，そういう成り立ちのため，the Island of Sicily のように，普通名詞の island が前に出る形で使うときは，いまでもまだ the がつきます。

これは，Tokyo University，the University of Tokyo などでも同じです。

しかし，ふつうに Sicily Island という場合には the はつかない。

ところが，同じ島でも，「カナリア諸島」「沖縄諸島」など，島が複数ある「島々」の場合には，the Canary Islands，the Okinawa Islands のように，固有名詞になっても the が残ります。

これは先ほどお話した，「複数のものをまとめて，the をつけてひとくくりに限定する」という the の援用機能が英語脳の中では働いているからです。

これは島だけではなく，山でも同じです。

Mount Everest（エベレスト山），Mount Fuji（富士山）には the はつきません。

が，the Rocky Mountains（ロッキー山脈），the Alps（アルプス山脈），the Andes（アンデス山脈）のように，山が集まった「山脈」となると，固有名詞でも the が残ります。

それもこれも，要は，「複数のものをまとめて，the をつけてひとくくりに限定する」という援用機能が英語脳の中で働いているからなのです。

しかしここでも日本語脳は，「山」「山脈」という具合に，似たような使い分けの機能を働かせています。

海や川にはなぜ the がつくのか

この島と島々，山と山脈の話を聞いて，英語に詳しい方の中にいま，手を挙げて質問したくなっている人がいるかもしれません。

その英語脳の働き方では，the Pacific (Ocean)（太平洋），the Atlantic (Ocean)（大西洋），the Nile (River)（ナイル川），the Amazon (River)（アマゾン川）などの the が説明できないではないか。

そう質問したい人がいるかもしれません。

しかし，もちろんこれも論理的に説明できます。

英語脳にせよ，日本語脳にせよ，人間の脳ですから，ある一定の事柄に対する働き方は一定でなければおかしいからです。そうでなければシステム異常になってしまう。

では，ここでは，いままでお話ししてきたどんな脳の機能が働いているのか，と言うと，要するにこれは the young などの使い方と同じです。

ひと口に「若者」と言ってもいろいろな人がいます。年齢も性別もいろいろです。

the young は，そういう漠然としたものを，the をつけることでひとくくりにして限定している。

太平洋や大西洋，ナイル川などにしても同じなのです。

シシリア島やイースター島は，遠くから見ればどこからどこまでと，わりあいはっきりとしている。もちろん，空から見れば一目瞭然です。

湾なども，San Francisco Bay，Tokyo Bay と the がつかない（ただし島と同じように the Bay of Tokyo のように普通名詞が前にくるときは別です）。湾もどこからどこまでとわりあいはっきりとしています。

しかし，太平洋とかナイル川となると，いったいそれがどこまで続いているのか，どこで終わるのか，皆目見当がつきません。つまりは漠然としているのです。

だから英語脳は，そこに the をつけることで，漠然としたものをひとまとめにしてくっきりとさせているのです。

それがここでの英語脳の働き方です。ちっとも不思議ではありません。

漠然としたものに the をつけると，「一丁上がり！」という感じで，それまでもやもやしていたものがすっきりとする。それが英語脳の働き方なのです。

日本語脳としては，その英語脳のしくみにブリッジをかけておけばそれでいいのです。

抽象名詞につく the

ここまでは主に，人やものを表す具体的な名詞の前で定冠詞や不定冠詞を使うケースを見てきました。

が，the や a(n) はもちろん抽象的な名詞の前でも使われます。

しかしこれもまた，あるひとつのものやグループに限定される場合に使われる the や，もともとは「ひとつの」

(one) だった a(n) の援用として考えることができます。

単に，もともとあった使い方の範囲を英語脳が広げただけのことで，その使い方の原則さえ知っていれば，別に恐れるには足りません。

たとえば，北朝鮮が発射したミサイルの話で，「そのミサイルはアメリカに届く危険性がある」というような場合には，

The missile has the potential of reaching the US.

のように言います。potential というのは「潜在的な能力，危険性」のことです。

ここで問題なのは，この potential の前についている the です。

どうしてそこに the がつくのか。

それは，この potential が of 以下の「アメリカに届く」という語句で，「あるひとつの危険性」に特定されているからです。

「ひとつのものに特定される場合には the を使う」

これが，the が使われるときの大原則でした。

それをここでも使っただけのことです。ですから the potential になります。the station となんら変わるところはない。

A significant number of people remain uneasy about the prospect of deciding someone else's future as a lay judge.
(かなり多くの人々が，裁判員として他人の将来を決めることになるのにまだ不安を抱いている)

この文の prospect（見込み）の前についている the もまったく同じです。

of 以下で，「裁判員として他人の将来を決めることになる見込み」と，あるひとつの「見込み」に限定されている。だから the がついているだけのことです。

これは，具象名詞でも抽象名詞でも変わりません。of 以下でひとつのものに限定しきれず，いくつかあるうちの見込みのうちのひとつにとどまっているなら，the にはなりません。

したがって，of で限定されても，a friend of mine（私の友達），a student of the college（その大学の学生）のように，何人かいる中の「ひとりの」友達や学生なら，ひとつのものには特定できていませんから，the にはなりません。

ひとつ例文をあげましょう。

This is a good example of talking too much.

これは日本語にすれば，「語るに落ちるとはこのことだ」という意味になりますが，この例でも，語るに落ちるケースはいろいろあって，そのうちのひとつということですから，theではなく，aになります。

また，もちろん，名詞を限定するのはofだけではありません。

Please give me the strength to hit a home run now.

(いまここでホームランを打つ力を私に与えてください)

この文では，「to＋動詞」で前の名詞を限定しています。

そのほかにも，the relationship between the manager and the section chief（部長と課長の関係）など，限定の仕方はさまざまありますが，要は，あるひとつのものやグループに特定されればtheが使われるということなのです。

コラム：日本語と英語／英語と日本語

two-quadrant 映画

2006年という年は，日本では21年ぶりに，邦画の興行収入が洋画のそれを上回った，記録に残る年になりました。

その記録が如実に物語るように，ここのところ，洋画，とりわけハリウッド映画は不振続きでしたが，アメリカではすでにその2006年に，3年ぶりに興行収入が前年度を上回り，映画産業に復活の兆しが見えはじめていました。

とくに，その年『ダ・ヴィンチ・コード』のヒットで盛り返したソニー（コロムビア）の業績がよく，ハリウッドの映画スタジオ，ナンバーワンの座に返り咲いたのです。

それに関連したインタビューの中で，ソニーの幹部が語っていたのは，four-quadrant 映画から two-quadrant 映画への方針転換でした。

quadrant というのは四分円（円の四分の一）のことで，four-quadrant movie というのは，四分円のすべて，すなわち，男性，女性，若者，年寄りのすべてに受けることを狙った超大作映画，ブロックバスターのことです。

そういう映画は制作するのに巨費がかかるし，結果として，それ以前のブロックバスターを凌ぐような相当なインパクトをもつ作品に仕上がらなければ大ヒットは望めない。そういう映画を作るのは簡単ではないし，リスクも当然高い。

だから，四分円のすべてを狙わず，そのうちの2つに受ける，中ヒットで十分だ，というのが，ソニーの発想なのです。

それが，two-quadrant ということです。

女性と若者，男性の若者と年寄り，女性の若者と年寄り……といった具合に，四分円の２つに受ければ十分だ，というわけです。それでは大ヒットはしないかもしれないが，中ヒットがたくさんあったほうが，全体として興行収入は上がるというのです。

ソニーはその方針で2006年に復活し，映画業界全体の興行成績もその年，３年ぶりに前年を上回ったというわけです。

第 **7** 章

✎✎*

冠詞と総称表現

総称的な表現の使い分け，3タイプ

冠詞を使ったり使わなかったりする名詞の総称的な表現も，日本人には厄介なことのひとつです。総称的な表現とは，「私は切手を集めています」という文の中の「切手」のように，あるものを総称して言うときの言い方のことです。

しかし，そこでの英語脳の働き方にも当然一定のルールがあります。

日本語では，たとえば「切手」「牛乳」なら，それだけで総称的な表現になる。しかし，英語では少し事情が複雑です。

英語でも，数えられない名詞の場合には，日本語と同じです。

たとえば，「牛乳は健康にいい」というような場合は，

Milk is good for your health.

のように無冠詞で言えばいい（もちろん，「その牛乳は健康にいい」と，ひとつのものに限定して言う場合は，The milk is good for your health. です，念のため）。

I like cheese.（私はチーズが好きです）

これもやはり無冠詞です。

だから，この場合には，日本語脳の使い方と同じです。

しかし，数えられる名詞の場合には，少し事情が異なる。

総称的な表現には大きく分けて，①「名詞の複数形」を使うケース，②「the＋名詞」を使うケース，③「a(n)＋名詞の単数形」を使うケースの３つがあります。まずは①の例です。

I collect stamps.（私は切手を集めています）
I'm afraid of dogs.（私は犬が怖いです）
I like apples.（私はりんごが好きです）

このケースでは，問題になっているのは「不特定多数の」切手であり，犬であり，りんごです。だから，名詞の複数形を使えばいい。

「日本人は大学受験のために英語を勉強している」というふうに多少複雑な文になっても同じです。

The Japanese study English for university entrance exams.

と名詞の複数形を使えばそれでいい。

It's difficult to bring together different opinions.
（異なった意見をまとめるのはむずかしい）

もまた同様。

では，「コンピューターを発明したのは誰ですか？」というような場合はどうか。

ここで，「う，このケースでは，個々のコンピューターではなくて，コンピューターというもの，というようなちょっと抽象的な概念だな。ここは，the young のように the をつけてコンピューターをひとくくりにして限定したほうがいいのではないか」と思えた人は，英語脳にブリッジがかかりはじめた人です。

この場合には，

Who invented the computer?

と言います。これが②の例になります。

The computer has changed history.
(コンピューターは歴史を変えてしまった)

も同じです。

したがって，the computer は同じ総称的な表現でも，少し抽象的な概念を表す硬い表現だと考えておくといいでしょう。

これは日本語脳でも，「切手」のようにどんな総称的な表現でも同じように表現するものがあるいっぽうで，「先生」「教師」，「医者」「医師」のように，硬軟で使い分けをすることがあります。

The teacher shouldn't do that.
(教師はそんなことをすべきではない)

ここでは「教師」という抽象的な概念なので，the teacher の形がいい。

この文では英語脳と日本語脳の硬軟の使い分けがかなり一致していますが，残念ながらいつもこのように一致するわけではありません。

たとえば，「医者は教師よりも給料がはるかに高い」というような，実に現実的なことを言う場合には，日本語では「先生」ではなく「教師」を使っていても，英語では，

Doctors are paid much more than teachers.

のように，名詞の複数形で言うほうがふつうです。ここでは抽象性がうすれて具体的，現実的な（お金の）話になっているからです。

「日本人」「アメリカ人」という場合には，(the) Japanese people，(the) American people のように people をつけて言うほかに（この形はどちらかと言うと「日本国民」「アメリカ国民」という感じです），単に名詞の複数形を使って Japanese（単複同形），Americans のように言う場合と，その前に the をつけて，the Japanese，the Americans のように言う場合があります。

フランス人，イギリス人の場合には，the French，the British のように表現します。

この the は前にお話した「不特定多数のものをひとくくりにして限定しくっきりとさせる」機能の the です。

「a＋名詞の単数形」を使う場合

総称的な表現として③「a＋名詞の単数形」を使うのは，前にもお話ししたように，「ひとつ」というイメージがあるときです。

たとえば，「私はパソコンが使えない」と言いたいときは，

I can't use <u>a personal computer</u>.

と言えばいい。

「私はネイティブ・スピーカーのように英語を話したい」なら，

I want to speak English like <u>a native speaker</u>.

です。ここではいずれの場合にも，話者の頭の中に，自分が使う「１台の」パソコンのイメージ，自分が理想とする「ひとりの」ネイティブ・スピーカーのイメージがある。

こういうときは，総称的な表現として「a＋名詞の単数形」を使います。

このように，英語脳の働き方にはどんな場合にも一定のルール，原則がある。

だから，外国人が英語を使うためには，それを一度意識化して，そこへブリッジを架けてあげる必要があるのです。

コラム：日本語と英語　英語と日本語

情

かつて郵政民営化に反対した自民党議員たちの復党問題が話題になったときによく出てきたのが，「情」という言葉です。

規律を優先させようとする幹事長に対して，少なからぬ議員が，「政治には情が必要だ」と発言した。

この「情」を英語ではどう表現するでしょうか。

「熱情」なら passion，「愛情」なら love ですが，ただの「情」となるとどうでしょう？

まず，思い浮かぶのは sympathy でしょうか。

sympathy はふつう「同情，共感」と訳されますが，ここでは「情」の意味で使える。そこで，

We need sympathy in politics.

という文が作れる。

ふつうは「思いやり」と訳される compassion も使えるでしょう。

もうひとつ使えそうなのが，heart です。

heart はもちろん「心臓」のことですが，

We need heart in politics.

のように，無冠詞で「情」の意味にも使えるのです。

コラム：日本語と英語
英語と日本語

けじめ

政治の世界では,「情」のほかに,「けじめ」という言葉もさかんに使われます。

この「けじめ」は英語でどう言うでしょうか。

たとえば,「公私のけじめをつけなさい」「仕事と遊びのけじめをつけなさい」などというときは,

Draw a line between public and private matters.

Draw a line between work and play.

のように, draw a line という表現が使える。

make a distinction も使えますが, こちらは日本語にすると,「区別をつけなさい」という感じになる。

しかし, 政治家がよく使う「なんらかのけじめが必要だ」というようなときは, 上の 2 つの表現は使えない。

この場合にはたとえば,

They should take some responsibility (for what they did).

ぐらいが適当でしょう。直訳すれば, 何らかの責任を取る, ということです。

第 **8** 章

fever（熱）になぜ a をつけるのか

なぜ熱(fever)にaがつくのか

英語を使いはじめた頃，私は数えられない名詞に関してとても違和感を覚えたことがあります。それはたとえばこんなときでした。

I have (a) fever.
I have a chill.

これは「熱があります」「寒気がします」という文です。

こういうときになぜ英語を話す人がaを使うのか，それが私にはなかなか理解できなかった。

「湯冷めをした」は英語では，

I got a chill after taking a bath.

と言います。

「熱で体がほてっている」は，

I'm burning with a fever.

熱とか寒気にaはないだろう。そんなものは数えられないだろう，それが私の実感でした。

しかしこの問題も，英語脳のほうへ少しずつブリッジを架けていくうちに，理解できるようになりました。

この問題を論じる前に，ひとつの単語が数えられる名詞(可算名詞）としても，数えられない名詞（不可算名詞）としても使われるケースを復習しておきましょう。

「玉ねぎ」という意味のonionは，八百屋さんで売っているようなときは，形があって数えられますから可算名詞として扱います。

だから「玉ねぎ2個ください」(two onions）と言えるわけです。

しかし，まな板の上で細かく切ってしまったら，もう数えられませんから，不可算名詞として扱う。

coffee（珈琲）のような液体はふつう，形のない，数えられない名詞として扱いますが，喫茶店でカップに入っている珈琲は，「珈琲ふたつ」(two coffees）のように数えられる。

大雑把に言えば，ちゃんと形のあるものは可算名詞，形のないものは不可算名詞ということです。

だから，身体に関する名詞でも，a rash（吹き出物），a mole（ほくろ），a pimple（にきび），freckles（そばかす）が可算名詞で，inflammation（炎症），frostbite（しもやけ）が不可算名詞なのは，非常によくわかる。

「炎症」や「しもやけ」は，形があって数えられるというよりは，ぼんやりと広がっている感じだからです。

これは日本語脳にも十分理解可能です。

また，同じrashでもdiaper rash（おむつかぶれ）は不可算名詞として扱われる。

これもまたよくわかる。「おむつかぶれ」はrashはrash

でも，「吹き出物」と違って，ちょっと数えられる感じはしませんから。

そう考えてくると，fever（熱）はやっぱり「数えられない」。

これは不可算名詞として扱わなければ変だ。それが私に限らず日本語脳の自然な発想だと思います。

しかし英語圏には，I have a fever. と言う人がたくさんいる。

この問題についても，いろいろな人と話をし，自分で考えているうちに，日本語脳から英語脳のほうへ少しブリッジを架けてあげさえすれば論理的に理解が可能だということが，だんだんとわかってきました。

「寒気」と「悪寒」を英語ではどう表現し分けるのか

この問題の謎を解くかぎは，次の２つの文にあります。

I have a chill.
I have chills.

最初の文は，日本語では「寒気がする」という文です。

では，２番目の文はどうでしょう？

この場合，「寒気」がたくさんある（複数形）わけですから，日本語ならたとえば，「悪寒がする」という意味になる。

単なる「寒気」よりもさらに強い「寒気」⇒「悪寒」です。

つまり日本語では，「単なる寒気よりも強い寒気」を表現するときには，「寒」に「悪」をつけて「悪寒」と表現しているわけです。

それを英語では，可算名詞の単数，複数の使い方を，不可算名詞にも「援用」して表現しているだけのことなのです。

いまは単なる「寒気」(chill) よりも強い「寒気」がある。それを言葉で表現したい。

そう思ったとき，「寒気」がたくさんある，という意味で複数形を使うのは，英語脳にとってはごく自然なことなのです。

だから，chills という使い方が生まれた。

そうすると，今度は逆に，「寒気」を表現するときにも，可算名詞として a chill を使いたくなる。それが人情，ではなくて，脳の自然な発想というものでしょう。

「痛み」も同じです。

すごく痛いときは，英語脳では自然発生的に複数形を使いたくなる。

だから，「関節がすごく痛い」ときは，

I have pains in my joints.

と言う。だから逆に，a pain もあり得ることになってくる。

「熱」の場合には，fevers という複数形はあまり見かけません。しかし，「少し熱がある」とか「熱が高い」という，熱の程度を表す表現をよく使う。
こういうときに英語では，

I have a little fever.
I have a high fever.

と言います。つまりここでは，いろいろな種類の熱を言い分ける必要が生じているわけです。
そうすると，いくつか種類があるので，それをきちんと分けて区別したくなる。
そこで「熱」が可算名詞化してくるのです。
だから，「熱」も「痛み」も「寒気」も，本来は「炎症」や「しもやけ」と同じように不可算名詞として考えてよく，それなら日本語脳にもよくわかるのだけれども，英語脳はその自然発生的な必要性から，その応用形を使うことがある。
それがa feverであり，a chillであり，a painなのです。
したがってこの問題に関しても，そこのところへブリッジを架けてあげさえすれば，日本語脳にも十分に論理的に理解が届くことです。
では，ここで問題です。
「あなた彼に気があるの？」
この簡単な文を，英語ではどう表現すると思いますか。
英語脳にブリッジが架かった人にはもうわかるはずです。
正解は，

Do you have feelings for him?

です。

単なる「気（持ち）」では，ここでは足りません。もっと強い「気持ち」でなければならない。

だからここでは，本来は不可算名詞に思える「気持ち」feelingが，複数形になるのです。

ひとつの名詞でも可算と不可算がある

英語では，本来は数えられない抽象的な名詞が，具体的な事柄に変身することで可算名詞になることもある。

それはたとえばこんなケースです。

He remembered a failure in business.
（彼は商売である失敗をしたのを思い出した）

ここでのbusinessは「商売，ビジネス」という抽象名詞なので，不可算名詞です。

しかし，次の文では違います。

None of our businesses went well.
（われわれの事業はひとつもうまく行かなかった）

この文では，businessを具体的な「個々の事業」の意味で使っているので，可算名詞になります。

ほかにも，「困難」(difficulty) は本来，抽象的な名詞ですが，この言葉を使うときは，

We’ve overcome lots of difficulties to survive.
(われわれは生き残るために多くの困難を克服してきた)

のように，具体的な「困難」を念頭に置いて使うことが多いので，自然と可算名詞として扱われることが多くなります。

困難を具体的に思い浮かべて複数形で使いたくなるこの使い方などは，英語脳でも日本語脳でも同じだと思います。

The explosion claimed the lives of three employees.
(その爆発で3人の従業員の命が奪われた)

この文の life は一人ひとりの「命」ということですから，数えられる。しかし，次の文では違います。

His fastball has life. (彼の速球には球威がある)

この文の life は「生命力，生気」ということですから，数えられない。

You need some restraint. (お前少しは我慢しろよ)

この文の restraint は「自制，慎み」という意味で数えられない。しかし，

You put restraints on me.（あなたは私を束縛している）

という文では，話者は you が自分に課している具体的な束縛を念頭に置いて話しているので，数えられるということになるわけです。

これもまた，「困難」などと同じで，英語脳でも日本語脳でも同様でしょう。

コラム：日本語と英語 英語と日本語

あの人，苦手

「あの人，（どうも）苦手なの」などと日本語ではよく言いますが，これは英語ではどう言うでしょうか？

いちばん簡単なのは，

I don't like him somehow.

あたりでしょうか。

I don't get along (well) with him.（彼とはうまくいかない）

も考えられるでしょう。

スポーツ選手などが「彼，彼女は苦手（な相手）だ」と言うときはどうすればいいかというと，最初の言い方も当然可能ですが，たとえば，こんな言い方もあると思われます。

She is tough for me.（彼女は私には手ごわい）

もちろん，

She is a tough opponent.（彼女は手ごわい相手だ）

としてもいい。

第 **9** 章

✎✎*

英語でもっとも重要な動詞にブリッジを架ける

go intoとget intoの違い

「家の中に入る」と言うときには，英語では，get into the houseとgo into the houseのどちらも使えますが，ここで，getとgoの違いについて簡単に説明してみたいと思います。

getはしばしばgoのかわりとして使われ，「家の中に入る」というときも，goとgetのどちらも使えますが，たとえば鍵を忘れてしまって，「窓から家の中に入った」というようなときには，

I got into the house through the window.

のように，get intoのほうが好まれます。

なぜかと言うと，getには何か行動を起こして「手に入れる」というもともとのイメージがあるからです。

したがって，苦労して窓から家の中に入ったというようなときは，そのgetした感じを英語脳は表現したくなるのです。日本語脳としてはここではそこを押さえておけばいい。

「トイレにはどうやって行ったらいいですか」と訊くときも，英語脳は，

Could you tell me how to get to the bathroom?

と，go toよりもget toを使いたくなる。

それは，そうした質問をする時点では，もしかしたらトイレははるか遠いところにあるやもしれず，苦労してそこまで「たどり着く」ことが必要かもしれないからです。

だからそういうことを想定して，英語脳は get to を使いたくなる。

しかし，これもまた，日本語脳でも十分理解が可能です。

いま私は「たどり着く」という表現を使いましたが，この表現を使うときには日本語脳でも，「苦労して」という思いをそこに込めているからです。

したがって，「たどり着く」という感じがあるときは，go ではなく get を使う。

ここではそういうブリッジを架けておいてあげれば，それだけでいいのです。

変幻自在な get

それにしても，英語では get という言葉を，非常に頻繁に使います。

get on（乗る），get in（入る，乗る），get off（降りる），get to（たどり着く）などもそうですし，get away なら「逃げる」，get back なら「戻る」，get out of なら「〜の外へ出る」，get behind なら「遅れをとる」，get along なら「うまくやっていく」という意味です。

みな行動を伴っています。

Get out of my way.

なら「どいてよ」という意味になる。

get old（年をとる）や get cold（寒くなる）のように，「～になる」という意味で，become のかわりに使われることもよくあります。

get mad（怒る），get arrested（逮捕される）では，be 動詞のかわりに使われる。

そのほかにも，start，do it，dress でいいと思われるようなときでも，get started，get it done，get dressed のほうが使われる。

しばらく前にニューヨークのスターバックスでカウンターの前に並んでいたときには，前の人が，

I'll get two Lattes.

と，have のかわりに get を使って注文していました。

get は英語の動詞の中でもっとも重要なもの，と言ってもおそらくけっして過言ではないでしょう。

そんなまさしく変幻自在な感じのする get ですが，get の基本となる意味はあくまでも，行動を起こして「～な状態になる」「～な状態にする」ということです。

たとえば get on も，要するに，「乗った」(on) 状態になる，ということです。

Dinner is getting cold!（夕食が冷めるわよ）

は，「夕食が冷めた状態になるわよ」という意味。

「手に入れる」という意味の get も，要は，「持っている状態にする」ということです。

英語を話す人は，

I was mad.（私は怒った）
I was arrested.（私は逮捕された）

よりも，

I got mad.（私は怒った）
I got arrested.（私は逮捕された）

という，get を使った形を好みます。

これはなぜかと言うと，be 動詞が「～である」「～だ」という状態を表す静的な動詞であるのに対して，get には「～な状態になる，する」という動的なイメージがあるため，動きが出るからです。

「私は怒った」とか「私は逮捕された」というときは，「ある状態から別の状態に移った」ということで，英語脳としては，その瞬間は動きが出たほうがしっくりとくる。

だから get を使うのです。それがここでの英語脳の働き方です。

get に関してはぜひここへブリッジを架けておいてください。

そのことを知っておけば，さまざまな場面で get が使われることに納得がいきます。

I got promoted.（昇進した）

I got sick.（病気になった）

I got lost.（道に迷った）

I got tired.（疲れた）

などもみな同じです。「昇進した状態になった」「病気の状態になった」「道に迷った状態になった」「疲れた状態になった」ということです。

どれもみな，get の「〜の状態になる」という意味を把握しておけば，簡単に理解の届くことなのです。

では，最後にひとつ問題です。

日本語の「ぬか喜びだった」を，英語では get を使ってどう言うでしょうか。正解は，

I got pleased too early.

直訳すれば，「早く喜びすぎた」ということです。

非常に使い勝手のいい便利な単語 work

getほどではないですが，workも非常に使い勝手のいい単語です。

workは「働く」という意味で，

I work for a bank.（私は銀行で働いています）

というふうに使いますが，機械などが「働く，機能する」という意味でもものすごく便利に使える言葉なのです。

外国のホテルでエアコンがきかなければ，

The air conditioner doesn't work.（エアコンがきかない）

と言えばいいし，冷蔵庫が冷えないときも，

The fridge doesn't work.（冷蔵庫がきかない）

と言えばいい。

fridgeとかrefrigeratorという「冷蔵庫」という単語を知らなければ，thisですませればいい。

直ったら，今度は，

This works well now.（これはいまはちゃんと動きます）

と言えばいい。

浴室のバスタブのストッパーがちゃんと締まらず水がためられないときも（こういうこともよくありますね），

The stopper doesn't work.（ストッパーがきかない）

と言えばすむ。「ストッパー」は「止めるもの」という意味でもう日本語になっているでしょう。

ホテルだけではなく，会議である計画がうまくいかないと思ったときも，

I don't think the plan will work.
（私はその計画がうまくいくとは思いません）

と言えばいい。work はとにかく使い勝手のいい言葉なのです。よく「働く」のです。

なるべく簡単な単語を使って言う癖をつける

英語が口をついて出やすくするコツは，ある一定期間，このように，どんなことでもなるべく簡単な単語だけを使って表現するように心がける訓練をすることです。

常に，なるべく少ない単語，簡単な単語ですませる。

本来は，中学レベルでこの訓練をするべきなのですが，日本の場合それを十分にやらずに受験用にどんどんむずかしい

単語を覚えさせていくから，基礎が安定せず，いつまで経っても英語を話せないという悪循環が続いていくことになるのです。

もちろん会話は相手の言うことを理解できないと成立しないので，いずれは単語数を増やしていく必要が出てきますが，その場合にも，たとえば，head（頭）⇒ache（痛み，痛む）⇒headache（頭痛）⇒migraine（偏頭痛）という具合に順を追って段階的に覚えていく必要がある。

しかし何よりもまずは，簡単な単語で多くのことを言えるようにすることです。

この脳の働きを形作ることが何よりも大切なのです。

たとえば，水道の蛇口から水が漏っているのを発見したとします。

ここで「ええと，漏れるは英語で……」と考えるようではだめです。これは，

The water doesn't stop.（水が止まらない）

と言えばいい。これくらいの単語なら多くの人が知っているでしょう。

外国のホテルに泊まると，こういうことがよくありますが，日本人はそれさえ言えないことが多い。

病気になっても大丈夫

外国で気分が悪くなったときも，ごく簡単に，

I feel bad.（気分が悪い）
I don't feel good.（気分がよくない）

と言えばいい。もしお腹の具合が悪いなら，お腹を指して，

I feel bad here.

と言えば事足りる。それを腹痛とか下痢だとかいろいろ考えるから英語が出てこなくなる。まずは簡単に言う癖をつけてください。

「痛い」とか「痛む」という意味の hurt や ache を知っていれば，

My knees hurt.（膝が痛い）
My teeth ache.（歯が痛い）

と言ってもいい。

「何かこのへんに違和感があるんです」と伝えたいときも，「違和感」などという単語を考え出したら，その瞬間にもう死亡です。言葉に詰まってしまう。これも簡単に，

I feel different here.
（ここがちょっといつもと違う）

I feel some difference here.
（ここにちょっと違和感があります）

ぐらいに言えばいい。

日本語脳でも日常生活ではごく簡単な言い回しですませることが圧倒的に多いと思いますが，英語脳でもそれは同じなのです。

だから，外国語として英語を学ぶときは，まずそういう英語脳を基礎として作る必要があるのです。

「彼の発言には驚いた」
「彼の行動には驚いた」

こういう文も，「発言？」とか「行動？」と考え始めるから，英語がすらりと出てこずに言葉に詰まってしまうのです。

これなどは，

What he said surprised me.
What he did surprised me.

で十分なのです。

「なくす」を英語で言うと？

日本語を英訳するときに意外にむずかしいのが,「なくす」という表現です。

たとえば,「飲酒運転をなくそう」という文をどう訳すか？

これが「飲酒運転を減らそう」なら,

Let's cut down the number of drunken drivers.

と，cut down や decrease，reduce を使って表現すればいい。

では,「なくす」の場合はどうか。

これが「飲酒運転撲滅キャンペーン」のように，日本語でも「撲滅する」のような少しむずかしい言葉を使っていれば，英語でも，eradicate のような言葉を使えばいい。eliminate でもいいかもしれない。

「警察は飲酒運転撲滅キャンペーンを始めた」なら,

The police started a campaign to eradicate drunken driving.

のようにすればいいでしょう。

しかし，日本語の「なくす」はもう少し簡単な，日常的な言葉です。だから英語でももう少し柔らかい，馴染みのある言葉で表現したいところです。

その場合，英語ではやはり，get rid of あたりが候補になるでしょう。do away with でもいいかもしれない。

したがって，「飲酒運転をなくそう」は，

Let's get rid of drunken driving.
Let's do away with drunken driving.

くらいになる。

さらに簡単に言うには，

Let's stop drunken driving.

かもしれません。

コラム：日本語と英語

もったいぶった

「あなた，何もったいぶってるのよ」
などと日本語ではよく言いますが，「もったいぶっている」を英語ではどう言うでしょうか。

ひとつの候補として，coy という言葉があります。

coy は日本語で言うと，「はにかんだ，純情ぶった，もったいぶった」という感じの意味です。

ですから，「あなた，何もったいぶってるのよ」は，

What are you being coy about?

となります。

「being＋形容詞」の形は「わざと～する」というときに使いますね。

「あなた，さっきから何もったいぶってるのよ」なら，

What have you been coy about?

です。「なに照れてるのよ」などもこれでいけるかもしれません。

「もったいぶってなんかいないわよ」は，

I'm not being coy.

です。

第 **10** 章

前置詞脳へ
ブリッジを架ける

前置詞の使い方の原則 —— at, on, in

英語の前置詞もまた，冠詞同様，日本人には複雑に思えることのひとつです。

それは，場所を示すときにも，時間を示すときにも，日本語ではほとんど「に」ひとつですんでしまうような場合でも，英語では，at，on，in を使い分けるからです。

が，これもまた，英語脳の使い方を理解してしまえば——そこへブリッジを架けてしまえば——わりとすんなりと理解できる事柄が多いと思います。

少しずつ順番に話を進めましょう。

時間に関して日本語では，「7 時に」も「7 日に」も「7 月に」も，すべて「に」を使います。

これに対して英語ではそれぞれ，at seven，on the 7th，in July と使い分ける。

場所に関しても，「玄関に」「テーブルに」「キッチンに」は，日本語ではすべて「に」です。

しかしこれも英語では，at the front door，on the table，in the kitchen と，やはり at，on，in を使い分ける。

ただし，この使い分けじたいは——その原則は，別にそれほど複雑ではない。

まず at は，「ある特定の地点，場所」「ある特定の時点」「ある特定のポイント」を指す場合に使われる。

on は，何かの「上（表面）にくっついて載（乗）っている」場合に使う。

inは，何かの「中に」あったり，いたりするときに使う。

これをもう少し具体的に，日本語脳にもわかりやすいものから説明するとこうなります。

atは「ある特定の地点，時点，ポイント」ですから，at seven，at the front doorにatが使われるのは理解できる。

on the tableも，テーブルの上に何かがくっついて載っているなら，これでいいですね。

このonの使い方に関連して日本人にちょっとむずかしく感じられるのは，「天井に」（on the ceiling）のような場合でしょう。たとえば，

He painted a picture on the ceiling.
（彼は天井に絵を描いた）

という文。

天井は下を向いていますから，この場合には「上」ではなくて「下」だろうと思う人もいるかもしれませんが，英語脳がもっているonの感覚はあくまでも，「何かの表面にくっついて載っている」というイメージです。

だから，下を向いている天井の表面にくっついて載っている絵の場合も，やはりonが使われる。

何かに載っている大半のものは上にあるので大半のonの訳は「〜の上に」でいいのですが，中にはこういう例外もあるのです。

下向きだけではない。壁のように横向きでも，その表面に

くっついていれば，on the wall と on が使われる。

in the kitchen，in Tokyo のように，少し広い場所になると，その「中に」いる，という意識が強くなるので，英語では in が使われる。

これも，in は「〜の中」という意識があれば，なんとなくわかります。

だから，空間的に広い場合だけではなくて，時間的にも広く（長く？）なると，in July のように，その「中に」という意識が強くなるので，in が使われます。

in 2010（2010年に）などもそうです。月以上は in です。

そのあいだ，時と月のあいだの「日」には，on Monday（月曜日に），on the 7th（7 日に）のように on が使われますが，これは時間的な長さの感覚として，ある特定の「時点」ほど短くはなく，かといって月のようにその中にいると感じられるほど長くもなく，長さ的にはその中間で，意識としてはその時間（一日）の上に乗っているように感じられるから，英語脳には on がいちばんすっきりとくるのでしょう。いってみればまあ，日めくりカレンダーの上に乗っている感じです（ただし，一日の中の「午前中に」「午後に」というときは，ある時間的な区分の「中に」いるという意識が強くなるので，in the morning，in the afternoon と in が使われます）。

これが，at，on，in に関する英語脳の基本的なとらえ方です。このあたりのことはすでに『話すための英文法』などの本でも詳しく説明しました。

英語脳ではこれを応用して，いろいろな使い方に広げていくわけです。

on business（仕事で），off business（仕事を離れて）といった使い方も，on の「〜の上に乗って」というイメージを理解していれば，十分に納得がいくはずです。off は「離れて」という意味です。

on vacation（休暇中で）も同じです。「休暇」の上に乗っているイメージです。

on foot（歩いて）なども，英語脳では「足の上に乗って」という感じ，on fire（燃えて）は「火の上に乗っている」感じです。

arrive at the station（駅に着く）は，「駅というある特定の地点に着く」ということ。だから at になります。

このくらいはそんなにむずかしいことではない。こうした表現は日常生活でもよく使うので，慣れてしまえば簡単です。

前置詞の使い方の応用，on の場合

at，on，in などはまた，get in，get on のように，動詞と結びついてさまざまな動詞句を作りますが，これも基本的にはいまお話しした原則の応用にすぎない。

だからまずは，基本的な原則を脳の中でしっかりと理解しておく必要がある。そうしないと，どこかで英語脳の使い方についていけなくなってしまいます。

get on the train（電車に乗る）や get on the bus（バスに乗

る）には，電車やバスのフロアの上に乗る感じがある。英語脳ではそういう意識をもつ。

だからここでは on を使います。

動詞句でも，前置詞でも，on と対になってよく使われるのは off です。

off は，off business に代表されるように，「離れて」というイメージです。

The ball dropped off the table.

なら，「そのボールはテーブルから（離れて）落ちた」という意味。

A fishing boat capsized off the coast of Chiba.

なら，「千葉県沖で漁船が転覆した」という意味。「千葉県沖」というのはすなわち，「千葉の海岸から離れたところ」ということです。

ETC devices are flying off the shelves.
(ETC 車載器が飛ぶように売れている)

この文には，ETC 車載器が棚（shelf）から「離れて」飛んでいく（fly）様子がよく表されています。

get on などの on がおおむね「上に，上へ」であるのに対して，その反対の off は「下に，下へ」というイメージ。だから，get off the train は「電車を下りる」という意味になる。

switch on the light（電気をつける），switch off the light（電気を消す），turn on the TV（テレビをつける），turn off the TV（テレビを消す）などもみな同じです。

「上」はつけるで，「下」は消す。

この感覚は，日本語脳にも十分理解可能です。

かつてまだ女性のヌード写真の撮影が珍しかった頃，マリリン・モンローが，一糸まとわぬ姿でヌード写真の撮影にのぞんだあと，記者から「本当に何も（身に）つけていなかったんですか？」と質問されたときに，

I had the radio on.（ラジオはつけておいたわ）

と答えたという有名な逸話がありますが，この on の使い方などもこれですっきり理解できることでしょう。

I fell asleep with the light on.
（電気をつけっぱなしで寝てしまった）

も同じです。

さきほどマリリン・モンローにヌードの件を質問した記者氏も，やはり on を使って，

Did you really have nothing on?

と訊いたのです。

on は何かを身に「つける」ときにも使います。ここでも「上へ」のイメージがあります。

「靴をはく」は put on the shoes,「口紅をつける」は put on lipstick です。

アメリカのオバマ大統領はこの表現を使って2008年の選挙運動中,

You can put lipstick on a pig, it's still a pig.
(豚に口紅をつけることはできるが,豚は豚のままだ)

と発言し,それが共和党の副大統領候補サラ・ペイリン氏への誹謗中傷ではないかと非難されたものでした。

もっともこの件ではその後,実は対立候補のマッケイン氏もヒラリー・クリントン氏の健康保険制度案を批判するときにこの表現を(3度も)使っていたことがわかり,あまり大きな騒ぎにはならずにすみました。

ちなみに,ABC テレビのニュース番組によると,この表現は,威勢がいいことで知られた元テキサス州知事の女性アン・リチャード氏が好んで使ったものだそうです。彼女はよくこう言っていたといいます。

You can put lipstick on a hog and call it Monique, but it's still a pig.
(豚に口紅をつけてモニクと呼ぶことはできるが，豚であることに変わりはない)

hog とは「豚」のことで，主に「食用の豚」を指すときに使われます。

さて，話が少し脱線してしまいましたが，つけるに on を使うのに対して，脱ぐとき，ふき取るときは，take off と，やはり off を使います。

抽象的な文での on

もう少し複雑な文，抽象的な使い方になっても，この原則は変わらない。英語脳は当然，同じ使い方の原則を，抽象的な事柄にも援用していきます。

Police opened fire on protesters.
(警察はデモ隊に発砲した)

この場合は，on the wall のときと同様，横向きではありますが，発砲した銃弾がデモ隊の表面（上）にくっつくというイメージがある。だから on が使われる。

No comment on the matter.
（その件に関してはノーコメントだ）

これなどもまさに，その件（matter）の「上に」コメントを載せる，という感じです。

He has a crush on you.（彼はあなたに夢中よ）

これは映画などでもよく使われる表現ですが，これなどもまさしく，彼の夢中な思い（crush）が「あなた」の上に乗りかかってきている感じです。

Children are getting more and more dependent on e-mail.
（子どもたちはますますメールに依存するようになっている）

この文では，e-mailの「上に」寄りかかっている（dependent）イメージがあるので，onが使われる。

He has confidence based on nothing.
（彼は根拠のない自信を持っている）

based onは「～に基づく」という意味ですが，ここでは，何物の「上にも」基礎を持たない，基づかない自信，ということで，「根拠のない自信」という意味が出てきます。

A bank failed and there was a run on the bank.
(銀行がひとつ破綻し，取り付け騒ぎがあった)

ここでのrunは「殺到」というイメージで，銀行の「上に」人々が殺到している感じがよく出ている。

People will frown on you.
(そりゃあ，ヒンシュクものだな)

frownは「眉をしかめる」という意味なので，ここでは，あなたに向かって（あなたの「上に」）人々が眉をしかめる感じがよく出ています。

前置詞の使い方の応用，inの場合

バスに乗る，電車に乗るの場合にはonを使うのに対して，get in the car（車に乗る）のようなケースでは，その「中に」入る感じがある。だからここではinになる。反対はoutです。

Come in.（入ってください）

も同じです。

inにこういう「中に（へ）」という意味があるから，名詞のincomeは「中へ」「入る」というところから「所得・収入」という意味になり，outcome は「外へ」「来る」というところから「結果」という意味になるわけです。

日常生活において，さんざん電話のベルが鳴ったあとで受話器を取ったときなどに，「ちょっと取り込み中だったもので」などと言い訳をすることがありますが，これをどう言うかわかりますか。これは，

I was in the middle of something.

in the middle of は「～の最中に」という意味です。

ここでもやはり in は，「～の中に」という意味です。そしてここでは日本語でも，「取り込み中」と「（さ）中に」と同じような使い方をしています。だからこの使い方は，日本語脳で十分理解が可能です。

We are in trouble.（困ったことになったぞ）

も同じです。トラブルの「中に」いるわけです。

She is busy in preparing for the party.
（彼女はパーティの準備で忙しい）

She is engaged in writing a novel.
（彼女は小説を書くのに没頭している）

この2つの文でも，準備の「中に」，小説を書くことの「中に」いる。だからinが使われるのです。

The company got involved in the purchase of tainted rice.
（その会社は汚染米の購入に関わった）

get involvedは「巻き込まれる」という意味なので，そのあとにinがくると，「～の中に」巻き込まれる感じがよく出ます。

She has been in poor health.
（彼女はこのところ健康がすぐれなかった）

この文でも彼女は貧弱な健康状態の「中に」あったのです。

The ad was effective in increasing sales.
（その広告は売り上げを伸ばすのに効果があった）

ここでは，売り上げを伸ばすこと「において」という意味でinが使われている。これも「中で」からの連想で日本語脳にもよくわかる。

I couldn't hit solid enough in a downhill birdie try.
（下りのバーディ・トライでしっかり打てなかった）

これも，バーディ・トライ「において」です。

Two wrestlers tested positive for marihuana in the surprise urine test.
（2人の力士が抜き打ちの尿検査で大麻に陽性反応を示した）

これもやはり，尿検査「において」なのです。

intoの意味するもの

inのかわりにintoを使ってget into the carとなる場合もありますが，日本語脳にも「乗る」と「乗り込む」の区別があるので，それを援用すれば，ここでも簡単に英語脳のほうへブリッジが架かるでしょう。

intoはinとtoがくっついてできたものです。

inについてはすでに説明しましたが，toは，for（〜に向かって）と違い，I went to Osaka.（私は大阪まで行った）のように，toのあとに来る地点まで到達していないと使えません。

forは，

I left for New York.
（ニューヨーク向けて旅立った）

This train is bound for Niigata.
（この列車は新潟行きです）

のように，どこかへ向かっていれば到達しなくてもいい。もちろんしてもいいわけですが，それについては言及していないのです。

He reached for a blue lever.

これは，「彼は青いレバーのほうに手を伸ばした」という意味で，実際にそこへ手が届いたかどうかはわからない。

しばらく前に，ニューヨークのハドソン川に不時着して一躍ヒーローになった飛行機の機長がいましたが，彼は不時着の直前に乗客に対して，

Brace for impact!

と叫んだそうです。

braceは軍隊などでよく使われる言葉で，「攻撃などにすばやく備える，身構える」という意味です。

だから機長はここで，「衝撃に備えろ！」といったことになりますが，ここでもやはり「～に向かって」「～に対して」の意味のforが使われています。

それに対してtoは，I went to school.（学校へ行った）のように，toのあとに来る地点まで到着していないといけな

い。というか，到着したことを示している。

I'm talking to John.（いまジョンと話をしている）も，自分の声がジョンのところまでたどり着いている意識がある。agree to him（彼に同意する）も，彼のところまでたどり着いているからこそ，「同意する」という意味になる。

People switched to their winter clothes today.
（今日は冬服への衣替えでした）

この場合にも，人々は衣類のスイッチをして冬服へ（to）たどり着いているのです。

「〜するつもりだ，〜する予定だ」という意味の be going to も，英語脳の意識としては，どこそこへ「行って」(going)，to のあとに来る動詞のところまでたどりつく。だから，「〜するつもりだ」という意味になるのです。

I'm going to visit him at the hospital.
（私は彼を病院に見舞うつもりです）

ここでは to のあとの visit までたどりついているのです。

There are no easy answers to the problem.
（その問題に対する簡単な答えはない）

ここでも to があるために，answer（答え）が the problem

(その問題) にたどり着いている。

The investigation will not be extended to LDP lawmakers.
(その捜査は自民党の議員までは及ばないだろう)

このtoも同じです。

ここでようやくintoの話に戻りますが，そのtoが，「中へ，中に」の意味のinにくっついてintoという単語ができている。つまりここでは，まず「中へ」(in) 入って目的地まできちんと到着している (to)。

だからintoは当然，inよりも意味が強い。

I put my soul into hitting the ball.
(私は気持ちを込めてボールを打ちました)

Vicious circles turned into virtuous circles.
(悪循環が好循環に変わった)

どちらの文でも，まず中に (in) 入ってto以下のところまで達している。

The principle was blackmailing a former student into dating him.
(その校長は元生徒に自分との交際を迫っていた)

まったくひどい校長ですが，ここでもintoを使うことで，校長の悪辣さが際立つ。

日本でも公開されたアメリカ映画に『そんな彼なら捨てちゃえば？』という作品がありましたが，この映画の原題の英語はHe's just not that into you. で，直訳すれば，「正直，彼はそれほどあなたに惚れていない」という意味です。つまりは，あなたの中に（in）入ってあなたのところまで達して（to）いない（not）ということなのです。

こうしたintoを使う英語脳の働き方にも，日本語脳は，たとえばget intoなら「乗り込む」という表現を使うことですでに十分に対応できているのです。be into youなら，「あなたに惚れ込む」でしょうか。

overの場合

さきほどNo comment on that.（それに関してはノーコメント）というonの使い方を説明しましたが，「彼らは男女の役割に関して議論した」というような場合には，同じ「関して」でも，

They argued <u>over</u> gender roles.

のように，overという前置詞が好まれます。

と言うのも，overには，「グリーンをオーバーしちゃった」のように，あるものの端から端までおおいかぶせるよう

な感じがあるからです。

したがって，「議論した」というような場合には，gender roles に関してさまざまな問題を「端から端まで」片っ端から議論したというイメージがあるので，over を使うと，英語脳にはいちばんしっくりとくるのです。

だから get over は「乗り越える」という意味になる。越えて（over）たどり着く（get）わけです。overcome は「越えて」「来る」から「克服する」という意味になる。

しかし，こうした区別も，実は日本語脳でもちゃんとやっています。

次の文を見てください。

She put her hands <u>on</u> her ears.

この文は，「彼女は手を耳に置いた」という意味です。では，これはどうでしょう？

She put her hands <u>over</u> her ears.

こうして英語で over を使うときは，日本語でも，「彼女は手で耳をおおった」となります。

英語脳と同じように，over の「（端から端まで）おおう」感じを，日本語脳でもちゃんとこうして表現しているのです。

だから，そのことを意識化しておけば，ここではそれで英語脳のほうへブリッジが架かります。

up と down

英語では on は「上」，off は「下」のイメージだという話をさきほどしましたが，英語で文字どおり，「上」「下」を表すのは，up と down ですね。

go up は「上る」，go down は「下る」です。

そして，up（上）は「上げる」ことからいいイメージで，down（下）は「下げる」ことから，どちらかと言うと悪いイメージで使うことが多くなります。

これもまた，英語脳でも日本語脳でもまったく同じです。

uptown は「山の手」。downtown はいまでこそ「繁華街」の意味で使われますが，もともとは土地の低い（下の）地域（町）という意味でした。

このこともまた脳の中できちんと意識にのぼらせておけば，いちいち熟語や動詞句として覚えなくても，dress up は「おしゃれをする，盛装する」，dress down は「くつろいだ服装をする，略式の服装をする」という意味だと，自然にわかってきます。

look up to は「～を見上げる，尊敬する」，look down on は「～を見下す」という意味だということも。

数年前，アメリカの人気テレビ番組『サタデー・ナイト・ライブ』で，暗いニュースや否定的な話ばかりして，その場の雰囲気やまわりの人の気持ちを「盛り下げる」（レイチェル・ドラッチが演じた）Debbie Downer というキャラクターが人気を博し，やがてそれが「盛り下げ屋さん」という一般名詞として使われるようになりましたが，これなども，down（下げる）という言葉の意味を正しくとらえていれば，その話じたいを知らなくても，だいたいの察しはつくようになるはずなのです。

コラム：**日本語と英語**　英語と日本語

♥＊★✽♥＊★✽♥＊★✽♥＊★✽

クリスプ

英語のcrispという語は，形容詞として，いろいろな場面に使えます。

ポテトチップスやお煎餅などが「パリッとしている」というときの「パリッとした」というあの感じ，あれがcrispの語感です。

またこの言葉は，ファッション用語として，「シンプルでシャキっとした」などというときの「シャキっとした」にも使える。

人に対しても，もちろん使えます。

よく日本語で「あの子はハキハキしている」と言いますが，そういうときの「ハキハキしている」にこのcrispはぴったりなのです。

なので，「あの子はハキハキしているというより，おっとりしたタイプだった」と言いたいときは，

She was mild-mannered rather than crisp.

と言えばいいわけです。

★✽♥＊★✽♥＊★✽♥＊★✽♥＊★✽♥＊★✽♥＊★✽♥＊★✽

第 **11** 章

✎✎*

変わりゆく英語，
変わりゆく
関係代名詞

whom 絶滅の危機？

「『まえがき』にかえて」の中で，英語では単語だけではなく文法事項でも変わることがあると書いて，それについてはあとでゆっくりお話ししますと「予告」しましたが，そのひとつの例が whom です。

かつては「私はあなたがそこで誰に会ったのか知りません」と言う場合には，

I don't know whom you met there.

と言いましたし，これが正式な言い方でした。しかし，いまは，

I don't know who you met there.

と言うほうがふつうです。こういう場合に，whom はもうあまり使われなくなりました。口語だけではなく文語でも。

このような疑問詞としてだけではなく，関係代名詞の whom も同じです。

以前は，「こちらは，私が昨日公園で会った女性です」と言うときには，

This is the woman whom I met in the park yesterday.

と言うのがふつうでした。同じ関係代名詞の which や that と違って，先行詞が人の場合には，それが主格か目的格かによって who と whom を使い分けたのです。むかし英語を習った人はそう教えられたはずです。

つまり，先の「昨日公園で会った女性」の文は目的格の使い方で，主格として，「いま歌っている女性，ご存じですか？」とたずねるような場合には，

Do you know the woman who is singing?

のように who を使ったのです。

しかし，いまはもうこの使い分けはあまりしません。どちらも who ですませてしまうことが圧倒的に多くなりました。つまり，先の目的格の文も，

This is the woman who I met in the park yesterday.

のように who ですませてしまうのです。

もちろん，まだ whom が使われることはあります。

このあいだグレン・クローズ主演の『ダメージ』という連続ドラマを見ていたら，

My company is under investigation.
(うちの会社が捜査されているんだ)

Under investigation by whom?
(捜査されているって，誰に？)

という会話が出てきましたし，2009年にノーベル平和賞を受賞したオバマ大統領は，その受賞スピーチで，

That is what makes us different from those whom we fight.
(このことがわれわれと，われわれが戦う相手との違いを生むのです)

と語っていましたから，疑問詞や関係代名詞のwhomがまったく使われなくなったということはないですが，その頻度は相当減っていると思ったほうがいい。

whichも絶滅する？

whomと同じように絶滅の危機（？）に瀕しているのが，関係代名詞のwhichです。

以前は大まかに，先行詞が人の場合にはwho，物の場合にはwhichかthatを使うと習った人が多いと思います。

とくに，the shop which opened last year（去年開店した店）のように主格として使われる場合は，whichを使うほうが私にはいまでもしっくりときます。

が，いまでは主格でも目的格でも，もうほとんどのケース

で，which ではなく that が使われるようになってきています。which の使用範囲を that が侵食してしまった感じです。

最初はもちろん口語の場合にこの侵食が進んだのですが，時代が下るにつれて書き言葉でもどんどん that が使われるようになっていきました。

オバマ大統領の記者会見やタウン・ミーティングを見ていても，関係代名詞として使われるのはほとんど that です。オバマ氏は一国の大統領ですから，その言葉遣いはもちろん丁寧なほうですが，それでも which はもうほとんど聞こえてきません。

少し例をあげてみましょう。

まずはドイツを訪れた際の大統領の発言から。

To this day, there are those who insist that the Holocaust never happened — a denial of fact and truth that is baseless and ignorant and hateful.
（今日に至るまで，ホロコーストはなかったと言い張る者がいる。それは根拠のない，無知で憎むべき，事実と真実の否定である）

次はある法令に署名するに際しての記者会見から。

The legislation I'm signing today represents change that's been decades in the making.

(私が今日署名しようとしている法令は，何十年ものあいだ待たれていた変化を象徴するものだ)

煙草製品の規制を呼びかけるときには，こう言いました。

Most insidiously, they are offered products with flavorings that mask the taste of tobacco and make it even more tempting.
(もっとも陰湿なことに，彼らは，煙草の味を隠し，それをより魅力的なものにする香りのついた製品を提供されている)

これらは主格の場合ですが，目的格として使われるときも，もちろん that がより頻繁に使われています。ご存じのように目的格の that は省かれることも多いわけですが。

最初の文は，金融問題での発言，2番目はレーガン大統領を記念する式典での発言です。

Some demanded twice the return that other lenders were getting.
(一部の者は他の貸し手が得ている倍のリターンを要求した)

There are few who are not moved by the love that Ms. Reagan felt for her husband.
(レーガン夫人が夫に対して抱いていた愛情に心を動かされない者は少ない)

唯一 which がまだ一般的に生き残っているのは，前にコンマをつけて使う，いわゆる非制限用法の場合です。
たとえば次のような場合です。ある金融関係者の発言です。

When I issue these comments, I suspect I'll have to move to Pluto, which will be too close to Earth.
(こんなコメントを出したら，私はおそらく冥王星に引っ越さなければならなくなるでしょうが，きっとそこでも地球に近すぎるでしょうね)

『オールド・ルーキー』という映画にはこんな文も出てきました。

I'm a Texas woman, which means I don't need the help of a man.
(私はテキサスの女，つまり男の助けはいらないっていうこと)

いまのところ英文法の決まりでは，that は非制限用法には使わないことになっているので，ここではまだ which が生き残っていますが，言葉は生き物なので，いずれはどうなるかわかりません。
who や which と違って関係代名詞の that は，人にも物にも使えるので，who が whom の使用範囲を侵したように，あるいはthatがwhichの使用範囲を侵したように，いずれはthatがwhoの使用範囲や，whichの非制限用法の使用範囲をも侵して，関係代名詞がthatだけになる日が来ないとも限らないと私はひそかに思っているのです。

コラム：日本語と英語（英語と日本語）　♥＊★✼♥＊★✼♥＊★✼♥＊★✼

手に負えない

「あの子は手に負えない子なの」

これを英語らしい英語で表現するとどうなるでしょうか。

She[He] is a tough cookie.

はどうでしょう。

tough は「頑丈な」とか「堅い」という意味で（肉などが堅いことも tough といいます），a tough cookie で「手に負えない人，したたかな人」という意味になります。

こういうところにクッキーを使うところが，小麦文化圏の英米圏らしいところです。クッキーの場合，堅くできてしまったり，堅くなってしまうこともよくあります。

日本語ならこの She is a tough cookie. を，「あいつは食えない奴だ」ぐらいに訳すこともあるかもしれませんね。

この cookie を使って，「利口な奴」のことを英語で，smart cookie と言うこともあります。

★✼♥＊★✼♥＊★✼♥＊★✼♥＊★✼♥＊★✼♥＊★✼♥＊★✼

コラム：日本語と英語／英語と日本語

卑屈な

「そんなに卑屈になることはないよ」

さて，これを英語ではどう言うでしょうか。

手元にある和英辞典を4つほど引いてみましたが，「卑屈な」に当たるあまりいい英語は載っていませんでした。

私ならこの場合には，humble を使います。

humble には「控えめな，謙虚な」という意味もありますが，「卑しい，みすぼらしい，卑小な」という意味もあります。

そこで上の文は，

You don't have to be so humble.

とすればいいと思います。

humble を使った熟語としては，eat humble pie という表現があります。

これは「屈辱を甘んじて受ける，平謝りに謝る」という意味で，昔，使用人が狩りのあと，主人が肉を食べたあまりの臓物で作った粗末なパイを食べたところから来ています。

第 **12** 章

＊✎＊✎＊

絶対忘れない英単語記憶法

効率的な単語記憶法

私はこれまでに，自分なりに実践してきた，英語の単語や熟語や表現を効率的に覚える方法をいくつか提案してきました。

たとえば，初級者用に作った『英語プリント』や，「話すための英語」シリーズでは，「銀行」や「食事」など，さまざまなシチュエーションを想定して，そのシチュエーションごとに，単語や熟語などをまとめて覚えられるように工夫しました。

銀行へ行ったら，account（口座），bankbook（通帳），PIN（number）（暗証番号），update a bankbook（記帳する）といった英語をまとめて覚えられるようにしたのです。

そのほうが効率的に覚えられるし，使うときにも，そうした英語が脳の中の近くにあったほうが便利だと思ったからです。実際に私自身の体験ではそのとおりでした。

『一生使える英単語』では，2語ずつ覚えていくことを提案しました。

たとえば，bank（銀行），book（本）という単語だけではなく，ついでにbankbook（銀行の本⇒通帳）という単語も覚えてしまえば，実に効率的に英語が覚えられるのではないでしょうか。

full（いっぱいの）などは，これひとつ覚えれば，successful（成功＋いっぱいの⇒成功した），thoughtful（思い＋いっぱいの⇒思いやりがある），painful（苦痛＋いっぱいの⇒痛い，つらい)，shameful（恥＋いっぱいの⇒恥ずかしい)，fearful（恐怖＋いっぱいの⇒恐ろしい，恐れて)，powerful（力＋いっぱいの⇒力強い，強力な)，beautiful（美＋いっぱいの⇒美しい)，stressful（ストレス＋いっぱい⇒ストレスの多い)，fulfill（いっぱい＋満たす⇒実現する，条件などを満たす）などど，いくつもの単語と組み合わせて英単語を覚えていけます。

less（より少ない）も，stainless（汚れのない，ステンレスの)，painless（苦痛のない)，tasteless（味のない）などと組み合わせが可能です。

こういうふうに覚えていけば，gentleman（紳士）とは何ぞやなどと悩む必要はもうなくなります。「紳士」とは要するに，gentle（[人に] やさしい）man（男の人）のことなのです。

忘れにくい単語記憶法

しかし最近私は，自分がそれなりに年を取ったせいか，効率的に覚えることよりも，より忘れにくい英単語の記憶法はないものかと考えるようになりました。

何とかうまく英語脳の機能を活用して，忘れにくくする方法です。

そこで私がひとつ考えたのが，できる限り多くの単語を，反対語と一緒にセットで覚えておくという方法です。

セットで覚えておくと，単独のものよりも，より引っかかりがあるせいか，思い出しやすいのです。つまりは忘れにくいのです。

何かを思い出すときに，何かちょっとしたきっかけやヒントがあると思い出しやすいことは，誰もが日常的に知っていることです。

脳には，そうした引っかかりに敏感に反応する傾向があるのです。もちろんこのこともまた，日本語脳でも英語脳でも同じです。

単独のものはどうしても失われるのが早い。あっという間に忘れ去られてしまう。

独身者は，夫婦（男女のセット）よりも寿命が短い傾向にあるという話も聞きます（ちょっと話が飛躍しすぎかもしれませんが）。

何にしてもそこで，ひとつの単語をその反対語とセットで覚えておく（厳密な意味での反対語だけではなく，「先生」と「生徒」のような対照語も含めて）。

たとえば形容詞ならこんな具合に。

beautiful（美しい）	ugly（醜い）
bright（明るい）	dark（暗い）
famous（有名な）	unknown（無名な）
friendly（友好的な）	hostile（敵対的な）
good（良い）	bad（悪い）
heavy（重い）	light（軽い）
narrow（狭い）	wide（広い）
right（正しい）	wrong（間違った）

same（同じ）　　different（違う）
strong（強い）　　weak（弱い）

動詞や動詞句ならこんな具合。

accept（受け入れる）　　refuse（拒否する）
burn（燃やす）　　extinguish（消す）
buy（買う）　　sell（売る）
enter（入学する）　　graduate（卒業する）
get dressed（服を着る）　　get undressed（服を脱ぐ）
get on（乗る）　　get off（下りる）
forget（忘れる）　　remember（覚える，思い出す）
start（始める）　　finish（終わる）
stay（とどまる）　　leave（去る）
teach（教える）　　study（勉強する，学ぶ）
turn on（つける）　　turn off（消す）

名詞や名詞句ならこんな具合。

employer（雇用主）　　employee（従業員）
entrance（入口）　　exit（出口）
entrance（入学）　　graduation（卒業）
friend（友人）　　enemy（敵）
last year（去年）　　next year（来年）
nephew（甥）　　niece（姪）

question（質問）	answer（答え）
right（権利）	duty，obligation（義務）
sunrise（日の出）	sunset（日の入り）
teacher（先生）	student（生徒）
uncle（叔父）	aunt（叔母）

副詞ならこんな具合。

early（早く）	late（遅く）
fast（速く）	slowly（ゆっくりと）

こうしたものをすべてセットで覚えていく。

もちろん，全部が全部反対語とセットで覚えられるわけではありませんが，少しでも多くをセットで覚えておけば，それだけ忘れにくくなります。

ある単語を忘れかけたときにも，セットの相方が思い出すちょっとしたきっかけやヒントになってくれるからです。

また，次のような反対語を覚えていけば，その間に，反対語を作る法則，反対語を作る英語脳のメカニズムも垣間見えてきます。

agree（同意する）	disagree（同意しない）
appear（現れる）	disappear（消える）
approve（認める）	disapprove（認めない）
fair（公正な）	unfair（不公正な）

happy（幸せな）	unhappy（不幸せな）
kind（親切な）	unkind（不親切な）
legal（合法的な）	illegal（非合法な）
normal（ふつうの）	abnormal（異常な）
real（現実の）	unreal（非現実の）
reasonable（合理的な）	unreasonable（不合理な）
sane（正気の）	insane（狂気の，正気でない）

もちろん agree の反対語として oppose（反対する）を覚えてもいい。

どうでしょう，これなら忘れにくいと思いませんか。

いつか私自身，こんな英単語帳，絶対忘れない，忘れにくい「反対語英単語帳」を作ってみたいと思っていますが，もしかしたらもうあるのかもしれませんし，読者の方が自分で作ってみてもいいでしょう。興味がある方はぜひ探して試してみてください。

コラム：日本語と英語　英語と日本語

どうぞ，どうぞ

「コピー機をお借りしてもよろしいですか？」などと人に訊かれて，使われても構わないときには，「どうぞ」と答えます。

これは英語では，当然，Please. でいい。

これではあまりにも素っ気ないのでもう少し「どうぞ」に力を込めたいときには，

Please, go ahead.

などとも言います。日本語なら，「どうぞ，ご自由に」ぐらいの感じでしょうか。

では，これをもう少し丁寧に，「よろしいですとも，どうぞ，どうぞ」と言いたいときには，どういう言い方があるでしょうか。

こういう場合には，

By all means.

という表現があります。

この means は「手段」「方法」の意味で，by all means は直訳すれば，「すべての手段によって」という意味になり，そこから，「どうぞ，どうぞ」という意味が出てきました。

こうした表現を覚えておくと，会話力に幅が出ます。

あとがき

「『まえがき』にかえて」の中でも書いたように，英語を話せるようになること，使えるようになることは，それほど簡単なことではありません。

もちろん不可能ではありません。でも，そんなに簡単なことでもない。やはり，2，3年集中して学習することが必要です。

だから英語の苦手な人が増えてしまうのかもしれません。英語以外にもきっとほかの勉強や仕事で大変なことでしょう。

しかし，英語ができれば，より多くの人と友人になれる機会が増えるかもしれません。将来，いや，いま，日本の学校や会社や社会や国が自分には狭すぎると感じたとき，息苦しいと感じたとき，世界にはばたく力を与えてくれるかもしれない。

しばらく前に私は『インビクタス 負けざる者たち』という映画を見ました。

南アフリカ初の黒人大統領になったネルソン・マンデラ氏の大統領就任直後の物語なのですが，彼は，それまでの白人政権によって27年間（27年間ですよ！）投獄されていたのに，彼ら白人たちをみずから率先して許そうとするのです。

手始めにマンデラ氏は，自分を警護する黒人中心の大統領警護班に４人の白人警官を配属します。

そのことを知ると，警護班の黒人責任者が血相を変えて，「冗談じゃない」と大統領執務室に乗り込んできます。「あいつらはわれわれの同志を何人も殺してきた人間なんですよ」と。

しかしマンデラ氏は彼に，

Forgiveness starts here.（許しはここから始まる）

と告げてけっして譲りませんでした。

それどころか彼は，南アフリカの白人たちがもっとも愛好するスポーツであるラグビーの南ア代表チームも率先して応援し，白人と黒人の融合の象徴として育て上げようとするのです。

代表チームのキャプテン役を務めたマット・デイモンが映画の中で，

I was thinking how a man could spend thirty years in prison, and come out and forgive the men who did it to him.
（刑務所で30年も過ごした人間が，そこから出てきたあと，どうして自分を投獄した者たちを許すことができるのか，僕は考えていたんだ）

と言いますが，まさにそれはマンデラ氏でなければできなかったこと，いや，マンデラ氏だからこそできたことでしょう。

『インビクタス』という映画は主に，その代表チームがワールドカップで優勝するまでの軌跡——奇跡と言ってもいい——を描いた作品で，そこにはラグビーの試合のシーンが，中でもスクラムを組むシーンが何度も出てきます。

私はそれを見ていて，ラグビーの試合では審判員が両チームにスクラムを組み始めるよう伝えるときに，“Engage!”と言うのだと初めて知りました。

日本語に直訳すれば，「スクラム開始！」，もっと言えば「戦闘開始！」くらいの意味になるかもしれません。

荒ぶるスポーツであるラグビーらしい，かなり勇ましい言葉ですが，私は，ラグビーのスクラムのように，やはり何事も真正面からガチっと取り組まないことには道は開けないのではないかと思います。

マンデラ氏はだからこそラグビーにこだわり，新しい国家の建設という苦難の道を切り開こうとしたのでしょう。

英語も同じだと私は思います。

英語を学ぶのはそれほど簡単なことではないけれども，真正面からガチっと取り組めば必ず道は開けます。

だから私はいまこの言葉をみなさんに，英語を学んでいる，学ぼうとしているすべての人に——英語の得意な人にも苦手な人にも等しく，贈りたいと思います。

Engage!

2010年２月

井上一馬

[著者略歴]
井上一馬（いのうえ　かずま）
1956年，東京生まれ。東京外国語大学卒業。比較文学論を学んだ後，執筆活動を続けている。アメリカ・コラムニストのコラム集の翻訳や，「英語できますか？」シリーズ（新潮社），「話すための英語」シリーズ（PHP研究所）がベストセラーに。著書に『音読王』『話すための英文法』『iPodでマスター　井上一馬の英会話入門』『英語プリント　初めての440語』（小学館），『アメリカ映画の大教科書』（新潮社），『井上一馬の翻訳教室』『中学校受験，する・しない？』『「マジっすかぁ？」を英語で言うと』（筑摩書房），ミステリー小説『二重誘拐』（マガジンハウス）など。訳書に『後世に伝える言葉』（小学館），『友よ　弔辞という詩』（河出書房新社），『ウディ・アレンの浮気を終わらせる3つの方法』（白水社）ほか多数。

英語脳（えいごのう）はすでにあなたの頭（あたま）の中（なか）にある！

NDC 830 / 175p / 19cm

初版第1刷――2010年4月10日

著者――井上一馬（いのうえかずま）
発行者――鈴木一行
発行所――株式会社大修館書店
〒101-8466　東京都千代田区神田錦町3-24
電話03-3295-6231（販売部）/ 03-3294-2357（編集部）
振替00190-7-40504
[出版情報] http://www.taishukan.co.jp

装丁・イラスト――秋山　孝
印刷所――文唱堂印刷
製本所――ブロケード

ISBN978-4-469-24551-6　Printed in Japan